TAPAS Barcelona

Vorwort **Joan Barril**

Fotografien **Jordi García**

Texte **Josep Liz**

Rezepte **Amanda Laporte**

TRIANGLE BOOKS

20 Lokale

40 Rezepte

98

Bereiten Sie selbst Tapas für Ihre Familie und Ihre Freunde zu, mit den besten Tapas-Rezepten aus Barcelona.
Die erfahrene Köchin Amanda Laporte hilft Ihnen dabei mit einfachen und köstlichen Rezepten. Zum Beispiel Patatas Bravas, Stockfischkrapfen, panierte Tintenfischringe, Russischer Salat, Tintenfisch mit Hackfleischklößchen, Bombas, Crema Catalana. Sie finden über 40 Rezepte mit Gemüse, Fisch, Meeresfrüchten und Fleisch, und auch Nachtischrezepte.

10 Routen

180

Jedes Viertel in Barcelona ist einzigartig. Wir entführen Sie auf eine Reise durch die Geschichte und stellen Ihnen die Bewohner vor, die ein Viertel erst mit Leben füllen. Und auf 10 Routen durch typische Tapas-Lokale lernen Sie die Gastronomie in jedem Viertel kennen.

Pepita Napolitana amb mozzarella i tomaquets
Pepita amb patates fregides
Pepita
Bikini
su tipo de
refresco
Pepsi-Cola
la Pepita IZAKAYA
TARTAR de Salmó
amb shitake : 7€
Foie mi-cuit amb xocolata i té vert : 9'80
Tonyina "soasada" amb miso : 9€
Foie a la planxa
Pepsi-Cola
(very important croquette)
de bonitol : 5€
d'esqueixada : 6€

Das Feuer der kleinen Dinge

Joan Barril

Der Akt des Essens kann einfach nur der Ernährung dienen, oder er kann ein wahrer Genuss sein. Das ist der Unterschied zwischen der Biologie und der Zivilisation, oder um es anders auszudrücken, es ist ein Teil von dem, in dem sich der Mensch von den Tieren unterscheidet. Der Mensch prahlt mit seiner Fähigkeit, Dinge, die mit seinem Körper zu tun haben, aus freiem Willen zu tun. So sitzen wir an einem Tresen in einer Kneipe und trinken, ohne eigentlich Durst zu haben, und wir setzen alle unsere verführerischen Künste ein, um Sex zu haben, ohne dass es eine höhere Gewalt gibt, die uns dazu treibt. Der Akt des Essens ist dabei keine Ausnahme, und vor allem nicht in der Welt des Überflusses. Wir haben für die Nahrungsaufnahme bereits bestimmte Uhrzeiten festgesetzt. Aber wir haben auch rund um das Ritual des Essens eine Reihe von Normen aufgestellt und Berufe erfunden, die dem Tischgast das Leben vereinfachen und aus dem Akt des Essens ein kleines Fest machen: Kellner, Küchenjungen, Oberkellner und Chefköche. Hinzu kommen zahlreiche Rezeptsammlungen und Menschen, die die alten Rezepte unserer Großeltern erforschen. So entstand rund um das Essen eine mehr oder weniger moderne Wissenschaft, die man als Gastronomie bezeichnet. Zu all diesen Menschen muss man auch die Fachkräfte des Rohstoffs hinzuzählen, also die Landwirte, die aus jeder Jahreszeit das Beste herausholen, die Fleischer, die das hochwertige Fleisch von den

minderwertigeren Teilen trennen, und die Fischer, die den Fang, den sie vom Land aus unsichtbar dem Meer abgerungen haben, in die Fischbörsen bringen. Und dann gibt es noch die Ingenieure, die in die Küchen noch etwas mehr als nur das Feuer gebracht haben. Mit ihren wundervollen Maschinen kann man köstliche Emulsionen, kalte Konserven, exakte Schnitte und Hochzeitstorten herstellen, aufgrund derer man sich am liebsten mehrmals verheiraten würde.

So sind die Küchen der Welt entstanden. Es spielt jetzt keine Rolle, die Gründe und die Personen zu kennen, die uns bis hierher gebracht haben. Egal, ob es ein Kaiser in seinem vergoldeten Speisesaal war, oder die Bauern, die sich unter einem Feigenbaum von ihrer Arbeit ausruhten, sicher ist, dass die Erfindung des Kochens nicht mehr rückgängig zu machen ist. Es gab Zeiten der Knappheit und Plagen, aber die Erinnerung blieb, und auch stets die Hoffnung, das, was verloren ging, eines Tages wieder zurückzuerlangen. Diese Linien sind all denen gewidmet, die es möglich gemacht haben, dass der heimische Hunger der Länder des Überflusses von der demokratischen Freude abgelöst wurde, auf dem Teller einen jubelnden Beweis des geteilten menschlichen Genusses zu finden.

Aber dieses Buch ist nicht nur ein Buch über ausgewählte Gastronomie, eins von denen, in denen die Köche wie Akademiker schreiben und köstliche Gerichte erklären, die von geheimen Formeln umgeben sind, um zu vermeiden, dass die Köche der Konkurrenz sie nachkochen. Es ist ein Buch, in dem etwas ganz Einfa-

ches, etwas Freies und doch etwas ganz Luxuriöses beschrieben wird. Oder ist diese spanische Sitte, zu jeglicher Zeit und wenn möglich in Begleitung eine Kleinigkeit zu essen, etwa kein Luxus? Eine Tapa ist wie eine Perle in einer Kette. Man braucht viele Perlen, um eine glänzende Kette, ein Schmuckstück herzustellen. Die Tapa ist nicht aus der Notwendigkeit der Ernährung des Körpers entstanden, sondern aus der Notwendigkeit zu teilen. Es gibt im Genuss von Tapas keinen anderen Anspruch als den, die Zeit und den Mund mit Geschmäckern zu füllen, die ein Vorwand für einen guten Wein, ein leckeres Glas Bier und ein angeregtes Gespräch sind. In Spanien unterzeichnet man keine Verträge bei einer Tapa, sondern man verbringt eine Auszeit im täglichen Kampf. Jeder kann sich eine Tapa leisten, und so ist der Verzehr von Tapas wie eine Waffenruhe, in der der Kellner zum Komplizen wird, und eine Möglichkeit, unter die Menschen zu gehen und Freundschaften zu schließen.

Tapas isst man nicht alleine. Und man isst auch keine Tapas, wenn man schlecht gelaunt ist und sich dazu verpflichtet fühlt. Es gibt alte und traditionelle Tapas und neue Tapas. Aber es gibt keine überreichlichen Tapas, denn die Gäste können sich jede Tapa teilen, und jede Runde wird von denen angeboten, die das kleine Opfer eines Aktes teilen, der der Glückseligkeit sehr nahe kommt. Tapas essen gehen ist wie eine notarielle Beglaubigung darüber, dass man eine Zeit mit Freunden verbringen wird, von der jede Minute lebenswert ist. Deshalb ist wohl eines sicher: Der Rohstoff, aus dem die Tapas hergestellt werden, ist nicht die Würze der einfachen Oliven oder

die Füllung eines guten Omeletts, und auch nicht das perlige Gefühl des Meeräsche-Rogens, sondern es ist die Feier einer langen Freundschaft oder der Beginn einer spirituellen Reise, von der wir nicht wissen, wohin sie uns führen wird.

Was wir wissen, ist, woher die Tapas kommen und wie sie zu uns gekommen sind. Die Geschichte wird immer von denen geschrieben, die die Macht haben. Deshalb ist es auch nicht seltsam, dass einer so winzigen gastronomischen Angelegenheit wie der Tapa eine mutmaßliche königliche Patenschaft zugeschrieben wird. Dabei handelt es sich um den König Alfons X., den Weisen, der unter Verdauungsbeschwerden litt. Deshalb rieten ihm die Ärzte seines Hofes in Toledo, nicht mehr in so großen Mengen zu essen, wie das bei den Gelagen des Adels Sitte war, sondern lieber häufiger kleine Mengen zu essen. Bald wurde diese königliche Mode vom Volk übernommen, und die Könige, die Alfons folgten, erließen eine gesundheitsfördernde Verordnung, laut derer in keiner Weinstube oder Spelunke, die der Krone von Kastilien unterstand, ein Becher Wein den Gästen serviert werden dürfte, der nicht von einem kleinen Stück Nahrungsmittel begleitet ist. Und diese kleine Speise wurde über die Ränder des Bechers gelegt, um den Inhalt an Wein zu verdecken (*tapar* auf Spanisch), denn man war der Ansicht, dass man den Wein besser mit etwas fester Speise vertragen konnte. Daher stammt das Wort *Tapa*. Es war jedoch nur eine Kleinigkeit. Vielleicht eine Scheibe Wurst oder ein Stück Käse, oder ein Stückchen gepökelter Fisch, von dem man noch mehr Durst bekam, sehr zur Freude der Wirte.

So wurde diese Sitte über die Jahrhunderte fortgesetzt, ohne dass dazu irgendwelche Verordnungen oder irgendeine Art gastronomischer Ordnung notwendig war, die in jener Zeit auch nicht gerade die Gesundheit der Speisenden im Auge hatten. Sicherlich wäre das einfache Volk im Laufe der Zeit zu dem gleichen Schluss wie der weise König im 13. Jh. gekommen, aber dennoch sollte man diese Legende erzählen, die man jenem Humanisten *avant-la-lettre*, nämlich Don Alfonso zuschreibt.

Jahrhunderte vergingen. Und mit dem Sturz des *Ancien Régime* verloren die Burgen und Paläste einen großen Teil ihres Küchenpersonals. Der geniale Schriftsteller Miguel de Cervantes erzählte dies ja bereits in dem ersten Kapitel seines Don Quijote de la Mancha, als er den Edelmann Alonso Quizano als Menschen beschrieb, dessen Ernährung Hand in Hand mit seiner wirtschaftlichen Not ging. Gegen Ende des 19. Jh. widmeten sich diese ehemaligen Palastköche der Eröffnung neuer Restaurants und edler Gaststätten, in denen die gesellschaftlichen Ansprüche der neuen Bourgeoisie befriedigt wurden. Dieses Phänomen konnte in ganz Europa verzeichnet werden, und es hat bis in die heutige Zeit überdauert. Jedoch übernahm der Rest des Kontinents die Sitte der typischen spanischen Beilage, der Tapa, nicht. Vielleicht geschah dies aus Unwissen oder weil es einfach nicht Sitte war. In Spanien wurde das Konzept Tapa ständig erneuert. Berühmte spanische Chefköche haben sich die Tapa angeeignet und die Wurzeln in der Küche des Volkes gesucht, so dass nun keine Gefahr mehr besteht, dass die so genannte *Nouvelle Cuisine* in den Händen einiger

weniger selbst ernannter Künstler der Küche diese alten Rezepte ins Vergessen geraten lässt.

Das ist alles Theorie, aber die Tapa muss man erleben. Und es gibt heute in Barcelona viele Lokale, die wahre Tempel der Kunst der Tapas sind, traditionelle und neue Taperias. Auch wenn dies nicht so scheinen mag, war Barcelona nie eine Stadt, in der viele einheimische Tapas entstanden sind. Das Geheimnis der Vielfalt ist auf die Immigration von Gastronomen aus anderen Teilen Spaniens zurückzuführen, und die einheimischen Köche wurden von dem Erfolg überrascht, den die Tapas aus dem Baskenland, aus Andalusien, aus Galicien und aus Madrid in der Stadt hatten. Wie man bereits bei den japanischen Restaurants sehen konnte, war das Aufnahmevermögen für Neues in Barcelona eher langsam. Aber das Ergebnis ist fantastisch und es lohnt sich, über die verschiedenen Arten von Tapas nachzudenken, die der Laie kosten kann.

Wenn man über verschiedene Typen von Tapas spricht, muss man zwischen den kalten und den warmen Tapas unterscheiden. Die kalte Tapa ist ohne Zweifel die älteste Form dieser Beilage. Gefüllte und angerichtete Oliven, Sardellen und Anschovis, Schinken- und Chorizostückchen, Morcón aus Extemadura, Schinken von den Kanarischen Inseln und Eisbein aus Galicien sind die kleinen Speisen, die den einfachen Spanier über die Jahrhunderte begleitet haben. Die Zubereitung einer warmen Tapa ist hingegen aufwendiger. Man muss sie nicht unbedingt warm essen. Ein gutes

Stück Tortilla (Kartoffelomelett) oder Omelett vom Land ist eine gute Tapa, auch wenn es bereits kalt ist. In Barcelona pflegt man sie mit einem Stück *pa amb tomàquet* zu servieren, ein Stück Weißbrot, das mit ausgepresster Tomate eingerieben und mit Salz und Olivenöl gewürzt wird. Dieses Brot gehört fast zu jedem typischen Essen, das man in der Stadt und in ganz Katalonien kennt.

Man kann auch zwischen trockenen Tapas und kleinen Näpfen unterscheiden, in die man nach dem Verzehr der Tapa sein Brot tunkt. Eine trockene Tapa hingegen hinterlässt nicht die geringste Spur. Das kann eine *Chistorra del Norte* (Paprikawurst) sein, die überraschenden Paprikaschoten *del Padrón*, deren Namen auf die Gemüsegärten in Galicien zurückgeht, wo sie angebaut werden, oder eine andalusische *Mojama*, sozusagen der Schinken des Thunfischs. Die Tapas, in die man sein Brot tunken kann, sind so viele, wie sie sich die Köche am Herd nur einfallen lassen können. Leckere Krevetten in Knoblauchsauce, oder Kutteln oder andere Innereien. Das Geheimnis dieser Tapas ist einfach nur, dass sie einem immer zu wenig sind, und dass man deshalb über die Notwendigkeit der Mäßigung nachzudenken beginnt, denn man weiß, dass nach einer guten Tapa eine noch bessere Tapa kommt.

Es existieren universelle Tapas und auch Autoren-Tapas. Die universellen Tapas gehören schon zum allgemeinen Kulturgut und man muss sie nur nachahmen, um aus ihnen ein Wahrzeichen der Tapas-Kultur zu machen. Vielleicht gehören die *Patatas Bravas* zu den berühmten Tapas, die kleinen dicken, frittierten Stückchen Kar-

toffeln, die man mit einer sehr scharfen Sauce (brava) serviert, die köstlich schmeckt. Russischer Salat, Miesmuscheln *a la Marinera*, kleine Garnelen, Muscheln jeder Art und die kleinen, primitiv aussehenden und so schwer zu fangenden Entenmuscheln gehören zu den universellen Tapas. Ebenso gibt es die einzigartigen Tapas, die der Phantasie und dem Können der besten Köche entspringen, die damit nicht nur das, was man schon gegessen hat, zeigen möchten, sondern auch das, was man sich niemals vorstellen konnte. Die moderne Tapa ist ein Wunder der Fusion verschiedener Zutaten aus allen Teilen der Welt, die ohne jegliche Komplexe auf spanische Art verarbeitet werden. Diese Art von Tapa ist jetzt nicht mehr nur am Tresen der Tapas-Lokale zu finden, sondern sie hat sich auch in den besten Restaurants der Welt einen Platz erobert. So ist die Gastronomie auf ihre Weise vom *Prêt-à-porter* auf die *Haute Couture* übergegangen.

Die traditionelle *Tapa* hat zwei wichtige Verbündete, zum einen den Lauf der Jahreszeiten, und zum anderen die Konserve oder die Dose. In beiden Fällen handelt es sich um eine einfache und rentable Tapa, da die Marktpreise für Produkte der Jahreszeit normalerweise günstig sind. Und das Lagern von Tapas in Dosen ermöglicht den Verzehr zu jeglichem Zeitpunkt. Es gibt auch Tapas, die aufgrund ihrer Herkunft eine Nationalität haben. In Barcelona ist eine typische einheimische Tapa die so genannte *Bomba.* Es handelt sich um eine runde Krokette mit einem Durchmesser von etwa sechs Zentimetern, die mit Kartoffelpüree gefüllt und an ihren Polen

mit einer scharfen Sauce gewürzt ist, so dass sie den Geschossen gleicht, die man in der Entstehungszeit der Artillerie benutzte. Ebenso wie man sagt, dass das berühmte Croissant von den Bäckern erfunden wurde, als die Türken, auf deren Fahnen der Halbmond zu sehen war, die Belagerung von Wien aufhoben, so sagt man auch, dass die leckeren *Bombas* (Bomben) von Barcelona daran erinnern, wie die spanischen Heere immer wieder die katalanische Bevölkerung durch Bombenangriffe zähmen wollten. Zum Glück ist es heute kein feindlicher Akt mehr, eine *Tapa Bombas* zu bestellen, ganz im Gegenteil, es ist eine Geste der Verbrüderung.

Ebenso wie man für die Bomba eine kleine Gabel benötigt, um sie zu zerkleinern, hat uns die baskische Tradition den berühmten *Pintxo*, das Fleischspießchen, gebracht. Die Tapa wird in diesem Fall auf einen kleinen Holzspieß aufgespießt. Die Taperias haben diese Sitte allmählich übernommen. Wenn man die Tapa gegessen hat, legt man die Spießchen auf den Tellerrand, sie werden gezählt und es wird ein Preis pro Spieß berechnet. Der *Pintxo* kam nach Barcelona, um zu bleiben.

Aber man muss noch einmal unseren Freund und den unabsichtlichen Urheber der Tapas, Alfons, den Weisen erwähnen. Und da es ja in der Tat so war, dass die *Tapa* ein weiches Kissen darstellte, auf dem der Wein im menschlichen Körper ruhen konnte, muss man natürlich auch vom Wein reden. Die Tradition Barcelonas hat sich in den Cava geflüchtet. Es handelt sich um einen frischen Wein, der jahrelang in einer Cava (Höhle, Keller) eingeschlossen ist und einer doppelten Fermen-

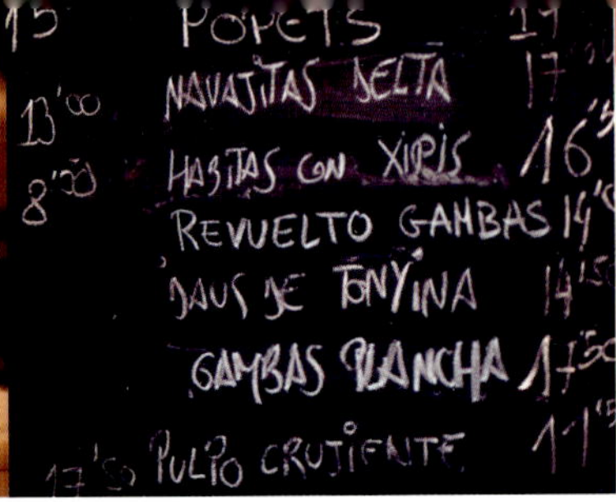

tierung unterzogen wird. So entstehen der Alkohol und sechs Atmosphären Druck im Inneren der Flasche. In manchen Lokalen der Stadt wird auch Sidra verkauft, ein erfrischender Apfelwein, den man direkt aus dem Fass in ein Glas ausschenkt. Es gibt auch noch Menschen, die gerne Wermut trinken und ausschenken. Und nicht nur den der großen internationalen Marken. Viele Lokale stellen ihren eigenen Wermut her. Das Problem beim Wermut ist, dass eher wenig im Glas ist und der *Tapero* (der Tapas essende Gast) nicht sehr viele Gläser Wermut trinken kann. Es wird also immer mehr Bier getrunken, und der Wein aus dem ganzen Land hält seine Position. Der Wein ist der beste Freund der Tapa, aber die *Tapa* ist keine gute Freundin des Weines. Die Weinhändler haben dafür einen typischen Spruch, den man so wiedergeben kann: „Aber gibt ihn mir nicht mit Käse!" Das ist eine Aufforderung, die aus der Welt der Kneipenwirte und der Hersteller stammt. Man hat mit der Zeit festgestellt, dass Käse den Geschmack des Weins verbessert. Käse-Tapas essen ist eine wundervolle Sache, aber wenn man sie zum besten Wein der Bodega isst, dann entwürdigt man den Wein. Das ist bei dem so typischen spanischem Serrano-Schinken jedoch nicht der Fall. Dieses iberische Produkt scheint geradezu nach dem Glas Wein zu verlangen, mit dem Noah sich betrank.

Für die Menschen, die die Stille und das beschauliche Leben lieben, ist Tapas essen vielleicht nicht die richtige Gewohnheit. Wenn man Tapas in Begleitung isst, geht es dabei laut zu. Ebenso mag die Tapa weder die Einsamkeit noch die Stille,

und sie mag auch keine Sessel. Tapas isst man im Stehen und schnell, und nicht bei einer feierlichen Tischzeremonie. Man könnte fast glauben, dass eine Tapa so eine Art Feder ist, die uns am Teller auf den Beinen hält. Die Tapa steht nämlich nicht vor uns, sondern sie steht uns zur Seite. Eine Tapa ist keine Herausforderung, sondern sie wird zum Zentrum der Konversation, und beim Tapas essen glauben wir immer, dass wir eine wundervolle Zeit in bester Gesellschaft verbracht haben, die uns zu einem besseren Menschen gemacht hat. Das ist die spirituelle Dimension einer Angelegenheit, die so absolut materiell ist wie diese kleinen Häppchen Weisheit zum Verschlingen. Gemeinsam zu essen ist eine Art Fest des Lebens. Diese kleinen Häppchen zu essen, so als ob wir Zugvögel wären, die ihren eigenen Himmel und eine Erinnerung suchen, die in die Zunge geprägt ist, ist auch eine Bestätigung der Tatsache, dass wir lebendig sind und dass wir unser Leben hierher gebracht haben, um es mit Eindrücken zu füllen.

Die Tapas sind fertig. Optimismus macht sich breit. Die Neugierde des Forschers sorgt für den Rest. Nach einem Barcelona der Tapas kann man sich dann von den mineralischen Spiralen Gaudís fortreißen lassen und sich von der Geschichte langsam wiegen lassen, von Freude erfüllt. ▼

TAPAS
Barcelona

20 Lokale

CAÑETE

Katalanische Küche mit andalusischem Geist

José María Parrado hat sich immer schon zwischen dem Herd und der Theke bewegt. Seine Eltern Manolo und Mari waren Emigranten aus Andalusien, die sich in den Neunzehnhundertsechziger Jahren in Barcelona niederließen und zunächst eine Kneipe in Molins de Rei eröffneten, wo José Maria zur Welt kam, und dann in dem volkstümlichen Viertel Barcelonas La Verneda. Und José Maria hielt sich viel in diesen typischen Stadtteilkneipen auf, in denen köstliche und preiswerte Menüs serviert wurden. Und obwohl Manolo und Mari sich für ihren Sohn ein anderes Leben wünschten und ihn auf eine Eliteschule in der Oberstadt von Barcelona schickten, so fällt doch der Apfel nicht weit vom Stamm und José María tat, was seine Eltern taten. Nach dem klassischen Auslandsaufenthalt als Jugendlicher, während dem er Sprachen erlernte und als Parkhilfe, Küchenjunge und Kellner arbeitete, kehrte er nach Barcelona zurück. Im Jahr 1998 eröffnete er ein erfolgreiches Terrassenlokal auf dem Platz hinter dem Markt La Boquería, und 2010 eröffnete er in dem Viertel Raval in der Nähe der Rambla und des Opernhauses Gran Teatre del Liceu das Lokal El Cañete. Aufgrund der köstlichen Tapas und kleinen Gerichte war das Lokal schon bald sehr in Mode.

Andalusisch gestalteter Innenhof hinter dem Cañete

Wenn man im Cañete im Raval Tapas isst, so kehrt man zu den Ursprüngen dieser Sitte zurück. Man steht an einem langen Tresen, Ellbogen an Ellbogen. Denn daraus besteht das Lokal: ein langer Tresen hinter einem einladenden Bereich im Bistrostil, an dem die ausgezeichneten Desserts des Hauses ausgestellt werden, und dazu der typisch andalusische Hof. Hinter dem Tresen sieht man die Kochherde und eine ganze Truppe von Köchen und Kellnern, die freundlich und beflissen die Gäste bedienen und gerne detailliert die verschiedenen Tapas und kleinen Gerichte erklären.

Küchenchef ist ist Juanba Agreda, in dem Parrado einen Verbündeten für ein Projekt gefunden hat, nämlich für die Fusion der andalusischen und katalanischen Küche mit typischen Produkten und in klassischer Zubereitung, bei der jedoch auch moderne Techniken verwendet werden. Die Wahl fällt schwer, aber beim ersten Besuch sollten Sie die Platte mit frittiertem Fisch in Beize kosten, oder die Anschovis aus Santoña in Öl, die frittierten Seeanemonen aus Chipiona, die Kroketten aus Schinken aus Eichelmast, die Brieschen mit roten Garnelen und die Pilze im Fleischsaft. Und natürlich die köstlichen Desserts, beispielsweise Kuchen aus kubanischer Schokolade mit Salz, den Käsekuchen aus Mató (katalanischer Frischkäse) mit Birne und die Armen Ritter im Tafelwein. Und dazu ein köstliches Glas Bier der Marke Moritz, gut gezapft, oder einen Wein aus der ausgezeichneten Weinkarte mit über 150 Sorten, von denen 30 im Glas serviert werden. Kommen Sie herein, essen Sie und genießen Sie!

CAÑETE
Carrer de la Unió, 17 ▸ Route **4**

TRADITION UND MODERNITÄT IN DER KÜCHE UND IN DER DEKORATION SIND DAS GEHEIMNIS DIESER FRÖHLICHEN UND GENÜSSLICHEN VERBINDUNG.

FÀBRICA MORITZ

Die Bierbrauerei von Barcelona

Seit Mitte 2012 ist die Fábrica Moritz ein Tempel des Kultes an das Bier, ein Zentrum der Gastronomie, Kultur und Freizeit, und eine der größten Kleinbrauereien Europas. Außerdem ist sie ein *Concept Store* mit der Bäckerei Triticum, mit einem Kiosk, dem Verkauf von frischem, nicht pasteurisiertem Bier und von Designobjekten. Und all das in einem riesigen und fantastischen Raum. Es handelt sich um die alte Bierbrauerei Moritz, die 1864 eingeweiht wurde. Sie wurde von dem berühmten Architekten Jean Nouvel für dieses neue Abenteuer umgebaut.

Und da hier einfach alles grandios ist, sogar die Öffnungszeiten von 6 Uhr morgens bis 3 Uhr nachts, gibt es auch einen wundervollen, 26 Meter langen Tresen aus Zinn, Leuchttafeln mit Bildern der Marke und riesige Kupferkessel, die unermüdlich frisches Bier hervorbringen. Auf der Karte finden Sie über 300 Sorten.

Jordi Vilà in der Fàbrica Moritz

Die gastronomische Leitung hat Jordi Vilà, dem ein Michelin-Stern für sein Restaurant Alkimia verliehen wurde. Er setzt hier auf eine Küche, die so weit entfernte Territorien wie Katalonien und das Elsass miteinander vereint. Aus dem Elsass stammte Louis Moritz, der Gründer der Brauerei. Ebenso werden andalusische frittierte Gerichte und Meeresfrüchte auf galicische Art angeboten, neben deutschen Wurstwaren und französischen *Cocottes*. Bei einem so großen kulinarischen Angebot ist es schwierig, eine Wahl zu treffen. Deshalb machen wir ein paar Vorschläge: Chicoréeblätter mit Seeteufel a la romana und Tatarensauce; Tintenfisch; Tintenfischringe auf andalusische Art; Schinkenkroketten krokant; Bravas de aquí (die Kartoffeln mit scharfer Sauce des Hauses); Nürnberger Bratwurst mini; *Coca de recapte* mit Escalivada und Ölsardinen; *Flammkuchen* natur, Sauerkraut, und Brathähnchen a la Moritz mit Pommes Frites.

Und da Jordi Vilà seine Laufbahn vor 15 Jahren in der Konditorei Baixas begonnen hatte und 2015 mit dem Preis des besten Konditors (Millor Pastisser) ausgezeichnet wurde, muss man natürlich noch ein bisschen Platz für seine Köstlichkeiten lassen, beispielsweise für die *Buñuelos de l'Empordà* (Krapfen), die Crème brûlée, den Pfirsich-Gazpacho mit Joghurt und Orangen und das Fondant aus schwarzer Schokolade in der Schale. Zum Trinken gibt es auch noch andere Optionen, in der Bodega finden Sie 400 Sorten Wein, darunter eine ausgezeichnete Auswahl an französischen und elsässischen Weinen. Aber natürlich müssen Sie auch das frische, nicht pasteurisierte Bier kosten. Fàbrica Moritz: Gerichte für Biertrinker an dem „place to beer".

FÀBRICA MORITZ
Ronda de Sant Antoni, 39 ▸ Route **6**

KATALANISCHE UND ELSÄSSISCHE KÜCHE IN DER GRÖSSTEN KLEINBRAUEREI EUROPAS. DIE ALTE FABRIK MORITZ (1863) WURDE VON JEAN NOUVEL UMGEBAUT.

LA PEPITA

In der weiblichen Form noch besser

Und wieso das? Um sich davon zu überzeugen, muss man es kosten und dem, was Sofia Boixet und Sergio Andreu erfunden haben, Beifall zollen: Sie haben das beliebte und typische belegte Brot, den *Pepito* mit Schweine- oder Kalbsfleisch in die *Pepita* mit zahlreichen Varianten verwandelt, sogar mit Fisch, zwischen zwei knusprigen, leckeren und feinen Scheiben Brot. Eine solche Köstlichkeit konnte nur mit der weiblichen Form dieses Namens benannt werden, zumal auch beide Großmütter, Musterbeispiele für die gute Hausmannskost, den Namen Pepita trugen. Und den Namen bekam dann auch das Lokal.

Aber La Pepita lebt nicht nur von *Pepitas*. Sergio Andreu, Industriedesigner mit Universitätsabschluss, fand seine wahre Berufung in der Kochkunst. Nach Abschluss der Escuela de restaurante (Restaurantfachschule) Hofmann (ein Michelin-Stern) zog er zusammen mit Sofia für zwei Jahre nach Paris, wo er in der Küche des Fogón arbeitete. In diesem Restaurant des Chefs Alberto Herraiz genießen die Pariser die besten spanischen Tapas.

Sergio Andreu bereitet eine Pepita zu

Sofia Boixet und Sergio Andreu hinter der Theke des La Pepita

Nach der Rückkehr nach Barcelona eröffnete das junge Paar im Dezember 2010 im Viertel Gràcia, an der Grenze zum Eixample und nur wenige Schritte von der zentralen Achse des Viertels, der majestätischen Allee Passeig de Gràcia, entfernt, das Lokal La Pepita. Hier spürt man nicht nur den katalanischen und mediterranen Geist, sondern auch etwas von der französischen Hauptstadt. So sind beispielsweise die Kacheln der Wandtäfelung eine Reproduktion der Kacheln in der Metrostation Odéon, die in ihrer Pariser Zeit die Station des Paares war. Auf diese Kacheln schreiben und zeichnen die Gäste Nachrichten, die das Lokal bunter machen und es bei jedem Besuch anders aussehen lassen.

Aber zurück zum Wesentlichen. Außer den *Pepitas* werden in La Pepita noch viele andere klassische Tapas in aktualisiertem Format serviert, wobei der kreative Touch von Sergio stammt. Dazu köstliches Bier vom Fass der Marke Estrella Damm oder ein Glas guten Weines, wobei man eine große Auswahl hat. All das mit viel Liebe, Freundlichkeit und Professionalität serviert. Sie müssen auf jeden Fall den russischen Salat kosten, und die Kroketten *Very Impor*, die Anschovis mit *Dulce de Leche*, die Hähnchenkroketten auf Romesco-Sauce, die Sardellen mit Konfitüre aus schwarzen Oliven, die *Tapalatas*, Tapas, die in Dosen serviert werden, die an traditionelle Konserven erinnern, mit Foie mi-cuit oder mit *Esqueixada* (Stockfisch-Salat). Und lassen Sie noch Platz für die leckeren Desserts, beispielsweise die köstliche *Crema Catalana* (Cremespeise mit Karemellkruste) und das überraschende Lieblingsgericht von Sofia, *Meloja y Mató* (Frischkäse mit Honigmarmelade). Ein kulinarischer Applaus für La Pepita!

LA PEPITA

Carrer de Còrsega, 343 ▸ Route **9**

KLASSISCHE „GETUNTE“ TAPAS, DIE SERGIO KREATIV GESTALTET, IN EINEM LOKAL MIT KATALANISCHEM GEIST UND EINFLÜSSEN AUS PARIS.

PRÉSSEC
DEL PAGÈS CARAMELITZAT
HUEVOS con JAMÓN
AMANIDA DE MONGETES
VICHISOUSE con JAMÓN
CHULETÓN AÑEJO
TRINXAT DE CERDANYA
MORCILLA
SECRETO IBÉRICO

ELS TRES PORQUETS

Ein kulinarisches Märchen mit Happy End

Wie in dem gleichnamigen Märchen *Els tres porquets* (Die drei Schweinchen) hat diese gastronomische Initiative von Marc Cuenca ein Happy End, vor allem für die Gäste, die in dieses winzige Lokal kommen, das wie ein französisches Bistrot und eine Taverne in Madrid dekoriert ist.

Marc hat eigentlich ein Studium in Telekommunikation absolviert, aber er wurde zwischen Kochherden und den Tischen von Can Pineda geboren und verbrachte dort seine Kindheit. Can Pineda ist ein typisches Restaurant im Viertel El Clot von Barcelona, und es ist schon seit 40 Jahren ein offenes Geheimnis, wie gut man dort isst. Als es dann an der Zeit war, sich in den Arbeitsmarkt zu integrieren, folgte er der Familientradition und eröffnete das Els Tres Porquets, wo er Oberkellner und *Sommelier* ist. Auch das ist eine Art „Ingenieurswissenschaft" mit ebenso viel Kommunikation. Roger Boronat, der in Can Pineda ausgebildet wurde, ist der Küchenchef des Restaurants.

Marc Cuenca schreibt die Tapas-Karte auf eine Tafel

Und da wir gerade von Küche reden, im Tres Porquets wird wirklich ganz lecker gekocht, echte traditionelle Marktküche, bei der das Produkt der Saison die Hauptrolle spielt und mit viel Liebe und handwerklichem Geschick behandelt wird. Und das ist einfach zu überprüfen, zunächst mit einer Tapa Iberischer Schinken aus Guijuelo oder mit Anschovis, dazu ein gutes Glas Mahou vom Fass. Auch der gemischte Tomatensalat mit Bauchfleisch vom Thunfisch ist köstlich, ebenso empfehlenswert sind die Erbsen aus dem Maresme im eigenen Saft, die Thunfischwürfel mit Limettensaft und Sojasauce, der knackige Tintenfisch mit Kartoffelpüree und Pfefferöl, die Enteneier mit Morcheln und Foie, das Risotto mit Trüffel, die Hackfleischklöße mit Pilzen und der Alambre (mexikanischer Fleischtopf). Da halbe Portionen serviert werden, kann man diese ideal teilen und so viel mehr von dem köstlichen Angebot kosten. Und auch die Desserts darf man sich nicht entgehen lassen, vor allem die überraschende *Bombeta* aus Schokolade und das köstliche *Recuit (*Dickmilchdessert) *de Fonteta* mit Honig aus La Rioja.

Und dazu ein exzellenter Wein, wobei Sie die Auswahl zwischen über 400 Weinen aus der ganzen Welt haben. Dieses kleine Lokal hat eines der besten Weinlager Barcelonas. Wenn Sie nach dem Dessert noch ein wenig bleiben möchten, bestellen Sie einen Gin Tonic, auch eine Spezialität des Hauses. Auf einem iPad (so wird auch die Weinkarte präsentiert) finden Sie eine Auswahl von 34 Sorten Gin. Und der Wolf? Und wenn er nicht gestorben ist, dann lebt er heute noch glücklich im Els Tres Porquets!

ELS TRES PORQUETS
Rambla del Poblenou, 165 ▸ Route **10**

LECKERE KÜCHE, MIT DER DIE KULINARISCHE TRADITION VON CAN PINEDA AKTUALISIERT WIRD. IN EINER WINZIGEN TAVERNE IM BISTROSTIL.

2012

GRAN BODEGA SALTÓ

Der Triumph der Romantik

Es haben nur noch wenige der alten und typischen Bodegas in Barcelona überlebt, denn in dieser Stadt wird das alte hundertjährige Netz des Handels und der Restauration kaum gepflegt. Aber manchmal kopiert das Schicksal die Drehbücher der Filme von Frank Capra. So verliebten sich José Luis Cánovas und Lidia López, als sie am 31. Dezember 2001 zum ersten Mal das Saltó betraten, um eine Flasche Cava zu kaufen und Silvester zu feiern, unsterblich in das Lokal. Aber die Freude über diese neue Entdeckung wurde schnell getrübt, als ihnen der Besitzer des Lokals mitteilte, dass er am 15. Januar für immer schließen würde. Und da die Hauptdarsteller unserer Geschichte so hoffnungslos romantisch sind, kam es doch anders. Oder wie soll man es sonst verstehen, dass eine beurlaubte Lehrerin und ein Verkaufsmitarbeiter mit dem Spitznamen „Tiger", der in seiner Freizeit in der La Ruge Band spielt, sich entschließen, die Bodega zu übernehmen, damit sie nicht in Vergessenheit gerät. Und das, ohne jegliche Erfahrung in der Welt der Gastronomie zu haben.

Die Dekoration dieser einzigartigen Bodega bewegt sich zwischen Kitsch und Naivität

José Luis Cánovas am Eingang seiner Bodega

Also wurde die Bodega weder vernachlässigt noch vergessen. Heute ist die Gran Bodega Saltó ein aktiver Teil des reichen Vereinslebens des Viertels. Es finden solidarische Konzerte mit und für die Nachbarn statt, sie ist ein Treffpunkt für Musiker, Maler, Dichter, Schauspieler und die Boheme im Allgemeinen. Und sie ist ein Wahrzeichen für die Wiederauferstehung des Viertels Poble-sec, heute wieder eines der lebendigsten Viertel der Stadt. Im Jahr 2013 erhielt das Lokal sogar die Auszeichnung Time Out als bestes Nachtlokal mit Freizeitangebot der Stadt Barcelona.

Zunächst verbündete man sich mit dem britischen Künstler Steven Forster, der zwischen den Originalfässern und Tonnen einen spektakulären Eingriff vorgenommen hat. Er änderte alles, ohne irgendetwas zu ändern, und ließ eine Explosion der Farben seines persönlichen Universums stattfinden. Kitschig und naiv, Skulpturen, Mobile, Lampen, Wände mit Zeichnungen und Sätzen über den Wein, und ein auffallender gewundener Tresen mit dem Text eines der bacchischen Gedichte der *Carmina Burana*.

Und schließlich werden auch exzellente kalte Tapas auf Grundlage des Iberischen Schinkens aus Eichelmast, der Käsesorten Boffard und Manchego und Anschovis, Sardellen und Stockfisch in Konserve serviert. Diese Zutaten werden in Form von „*Bocaditos*“ zu unwiderstehlichen Versuchungen: Anschovis und Sardellen in Brot mit Tintenfischtinte, Thunfisch (Bonito de Norte) mit Paprikaschoten in Olivenbrot von grünen Oliven, Stockfisch-Carpaccio und Olivenpaté auf Brot mit Tomate, Lende vom Iberischen Schwein aus Eichelmast mit Schwarzbier-Brot. Gute Weine, manche davon vom Fass, ein gutes Glas Bier der Marke Estrella de Galicia und ein exzellenter Wermut vom Fass machen diesen Genuss perfekt und unvergesslich. Gran Bodega Saltó: Der Tiger brüllt!

GRAN BODEGA SALTÓ
Carrer de Blesa, 36 ▸ Route **5**

EIN AUSGEZEICHNETES KULINARISCHES ANGEBOT AN KALTEN TAPAS MIT IBERISCHEN WURSTWAREN, AUSGEWÄHLTEM KÄSE UND FISCHKONSERVEN.

Ten'

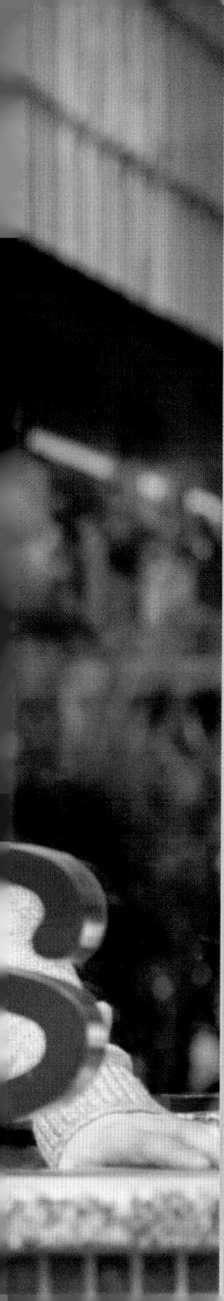

TEN'S TAPAS RESTAURANT

Die Einfachheit der hohen Gastronomie

Man sagt, die Jugend sei unerschrocken und verwegen, wenn nicht sogar leichtsinnig und tollkühn. Vielleicht hat Jordi Cruz es deshalb gewagt, sich mit vierzehn Jahren als Koch vorzustellen. Zwar war dies noch nicht sein Beruf, aber er wusste bereits mit sieben Jahren, dass er Koch werden wollte. Intuition? Nein, absolut nicht, er konnte nur sehr gut kochen, und für alles andere hatte er wenig Talent. Und sein mutiger Schritt war von Erfolg gekrönt. Mit siebzehn war er bereits Küchenchef und mit vierundzwanzig erhielt er seinen ersten Michelin-Stern, als jüngster Koch Spaniens und als der zweite Koch weltweit.

Aber seine Blitzkarriere ging weiter und innerhalb von zehn Jahren erhielt er noch vier weitere Sterne. Zu den Sternen für das Estany Clar in Cercs und das Angle in Sant Fruitós, heute im Hotel Cram in Barcelona, und später noch zwei Sterne für das AbAC, einer der Tempel der hohen Gastronomie in Barcelona.

Jordi Cruz hinter den Fenstern des Ten's

Neorationalistischer Eingang des Ten's

Wenn Jordi Cruz sich den Tapas widmet, ist er genauso kohärent wie in seiner gesamten autodidaktischen Karriere. Er setzt auf seine eigene Idee einer Avantgarde-Küche, die weit über Trends hinausgeht, und er widmet sich einem bescheidenem Sektor der Gastronomie, den Tapas und den kleinen Tellergerichten. Dies tut er im Restaurant Ten's im Stadtteil El Born, im Erdgeschoss des Park Hotels. Es handelt sich um ein interessantes neorationalistisches Gebäude von Antoni de Moragas (1953). Im Ten's gibt es zwei einladende Terrassen und einen großen offenen Raum, der geschmackvoll mit den historischen Originalelementen dekoriert ist. Der Gast fühlt sich hier von Anfang an wohl, und es ist nicht so eng wie in anderen Tapas-Lokalen. Auch die Bedienung ist freundlich und effizient.

Jordi Cruz bereitet einfache Tapas aus hochwertigen Produkten zu. Tapas und kleine Portionen, in denen mit viel Kreativität die traditionellen Rezepte verfeinert werden: Patatas Bravas, Backkartoffeln mit cremiger Knoblauchmayonaise (Alioli) und pikanter Sauce: Toast mit kantabrischen Anschovis und Creme aus schwarzem Knoblauch; Tintenfischringe auf andalusische Art mit Zitronengras; Auf niedriger Temperatur zubereitete Eier mit Pilzen, Topinambur, Parmesan und Trüffel; gekochte Krake, Paprikapulver der Sorte de la Vera, Kartoffeln mit Olivenöl der Sorte Arbequina mit Buchenholz geräuchert; gegrilltes Rippenfleisch und Schwanz vom iberischen Schwein mit Süsskartoffelpüree mit Honig gehören zu den interessanten Vorschlägen für den ersten Besuch. Auch die köstlichen Desserts wie die Milchreiscreme und Kokosnuss mit Joghurteis und Zitrone sowie die Apfeltorte, Frischkäse Mató und Honigeis müssen erwähnt werden. Und natürlich wird auf Empfehlung des Chefs dazu das perfekte Getränk gereicht: ein Glas Bier vom Fass der Marke Estrella Damm. Ten's, hier wird die einfache Tapa auf den Altar der hohen Gastronomie erhoben.

TEN'S TAPAS RESTAURANT

Carrer del Rec, 79 ▸ Route **2**

CRUZ MÖCHTE DER TAPA MEHR WÜRDE VERLEIHEN, WOBEI ER SEINER AUTODIDAKTISCHEN LAUFBAHN UND SEINER EIGENEN IDEE EINER AVANTGARDEKÜCHE TREU BLEIBT.

LOLITA TAPERIA

Immer auf dem Laufenden

Das ist Joan Martinez, der entschlossen und mit Begeisterung an die Umgestaltung des Inopia Classic Bar zum Lolita Taperia heranging, mit viel Erfolg gelungen. Dieses Lokal ist ein absolutes Must, um in der Tapas-Kultur auf dem Laufenden zu sein.

Joan Martínez und Albert Adrià waren schon seit ihrer Kindheit und Schulzeit befreundet, und sie beschlossen, eine „Kneipe wie in alten Zeiten" zu eröffnen, in der die Tapas jedoch „extra" gingen und man nicht nur irgendetwas bekam, so wie dies in den Kneipen in Santa Eulàlia der Fall war, in der sie in ihrer Jugend oft waren. So entstand 2006 das Inopia, das ebenso wie das Tapas, 24 die Ehre hat, zu den ersten „Gastrobars" Barcelonas zu gehören. Nach vier erfolgreichen Jahren trennte sich 2010 die Gesellschaft Adrià-Martinez auf freundschaftliche Weise, und Joan erneuerte mit der für ihn typischen Begeisterung das Lokal und eröffnete es im gleichen Jahr wieder.

Die rote Spur der Lippen ist auch das Logo des Lolita

Joan Martínez in seiner Taperia

LOLITA TAPERIA
Carrer de Tamarit, 104 ▸ Route **6**

Dabei fand ein dreifache Renovierung statt. Ein grundlegendes Element ist die energiegeladene und bunte Einrichtung. Der neue Name hat einen direkten Bezug auf Tapas. Es handelt sich um einen beliebten weiblichen Vornamen in Spanien, der aber auch eindeutig auf Nabokovs Roman anspielt. Er steht für Jugend, für Verjüngung, auch in der Küche. Es werden immer noch einige der Klassiker des Inopia serviert, aber auch neue Kreationen des Küchenchefs Xavier Castillo. Das Lolita, ein Ecklokal im Viertel Sant Antoni, ist jetzt eine Kneipe für den Wermut – den katalanischen Frühschoppen – , ein Restaurant, ein Bistro und eine Cocktailbar.

Als Einstieg schlagen wir ein köstliches Glas Bier von Moritz vor, das ist das Bier des Viertels, und dazu das leckere und lockere Weißbrot mit Tomate. Kosten Sie die Mojama aus rotem Thunfisch, das CecinaWagyu, den Iberischen Schinken, den russischen Salat mit kleinen Brotstangen, die Bohnen mit Trüffel, Avocado und Wachteleiern und die panierten Tintenfischringe im Waffelhörnchen. Und anschließend bei einem guten Glas Wein oder katalanischem Cava nach Empfehlung von Joan die Klassiker des Inopia: Auberginen mit Melasse, Patatas Bravas (Kartoffeln in scharfer Sauce), Kroketten aus Iberischem Schinken, die panierten Hähnchenstreifen (ganz speziell paniert) und die kleinen frittierten Fische. Auch die „Bocatas" (belegte Brötchen) sind köstlich, sowohl die kleinen „Pulgas de Vidrio" wie das Quimet mit Lachs, griechischem Joghurt und Trüffelhonig, oder das La Costa. Ebenso gibt es die klassische Größe, beispielsweise die Mini Burger und den Don Pepito. Und natürlich zum Abschluss ein leckeres Dessert: Recuit de drap de Fonteta (Dickmilchdessert), Ananas mit geriebener Limette und Melasse und Flan des Hauses (Pudding). Das sind die Lieblingsdesserts von Joan. Herzlich Willkommen im Lolita, ein Küsschen, schmatz!

DURCH DIE RENOVIERUNG DES LOLITAS NACH DEM SCHLIESSEN DER INOPIA CLASSIC BAR ENTSTAND EINE EINLADENDE UND ZWANGLOSE UMGEBUNG, IN DER DIE KÜCHE WEITERHIN AUSGEZEICHNET IST.

TRÀCIA
biu

LA VINYA DEL SENYOR

Die Weinhandlung des Meers oder die Kathedrale des Weins

In einer der schönsten Umgebungen des mittelalterlichen Barcelonas befindet sich seit 1998 La Vinya del Senyor, ein kleines und wunderschönes Lokal mit einer großen Terrasse vor der „Kathedrale des Meeres", wie die Basilika Santa Maria del Mar genannt wird. Zu den Schöpfern und Eigentümern der Vinya gehört Ramon Parellada, der einer der ältesten und wichtigsten Familien des Gastronomiegewerbes in Katalonien angehört. Sieben Generationen, die so bekannte Lokale wie Fonda Europa in Granollers und das Restaurant Senyor Parellada in der benachbarten Straße Argentaria führten. Ein anderer Eigentümer ist Quim Vila, der vielleicht mehr als jeder andere im Land über Wein weiß und der in der benachbarten Straße Agullers ein wahres Heiligtum für Weinkenner leitet: Vila Viniteca, wo man über 5000 Weine aus zahlreichen Ländern und vieler verschiedener geschützter Herkunftsbezeichnungen findet.

Über 350 Weine aus der ganzen Welt sind in der Weinkarte zu finden

Eingang des Vinya del Senyor

Deshalb ist die Haltung in La Vinya, auch wenn ein spanisches Sprichwort sagt, dass man auf dem Weinberg des Herrn alles findet, radikal in Bezug auf andere Getränke. Wer gerne Bier oder ein Erfrischungsgetränk trinken möchte, wird dies hier nicht finden. Dieses Lokal ist die beste Weinhandlung der Stadt mit 350 Weinen aus der ganzen Welt, von denen 20 im Glas angeboten werden. Diese zwanzig Weine werden alle zwei Wochen gewechselt, so dass Weinliebhaber immer wieder einen neuen Wein kosten können.

Die Tapas und Tellergerichte, die unter der kulinarischen Leitung von Fermi Puig angeboten werden, passen perfekt zu jeder Art von Wein, Weißweine, Roséweine, Rotweine, Schaumweine usw., und sie werden aus Zutaten der besten Qualität zubereitet. Als warme Tapas muss man vor allem die Kartoffeln im geräucherten Öl mit Paprika der Sorte La Vera erwähnen, und die Cannelloni aus gebratenem Fleisch mit Steinpilzöl, und die Kroketten. Köstliche kalte Tapas sind neben den frischen Austern der Saison die *Secallona* (Hartwurst) del Pallars und *Mojama* aus Thunfisch mit Mandeln. Und Sie müssen unbedingt die *Puces* (Flöhe) kosten. Das sind köstliche Brötchen mit Öl, die man u. a. mit Iberischem Schinken, mit *Sobrasada* (Paprikastreichwurst) aus Mallorca, mit scharfem *Chorizo* (Paprikastreichwurst) aus Astorga oder mit dem Käse Pico Melero belegen kann. La Vinya del Senyor: In vino veritas!

LA VINYA DEL SENYOR
Plaça de Santa Maria, 5 ▸ Route **2**

DIE TAPAS UND KLEINEN PORTIONEN DES VINYA DEL SENYOR PASSEN PERFEKT ZU JEDER ART VON WEIN.

EL VELÓDROMO

Eine zweite Jugend

Das ist, was dieses berühmte Lokal 2009 aufgrund der Übernahme durch die Bierbrauerei Moritz Barcelona erleben durfte. Diese historische Brauerei existiert bereits seit 1956. Um das Velódromo zu verstehen, muss erklärt werden, dass es 1933 eingeweiht wurde und schon bald zum Treffpunkt der Intellektuellen Barcelonas in diesem bewegten Jahrzehnt wurde. Hier versammelte sich die Regierung der Republik, die sich nach der Übernahme Madrids durch die franquistischen Truppen in Barcelona im Exil befand. So wurde das Lokal zu dem Reich der Linken, und während der langen Jahre der Diktatur fanden an den Tischen geheime Versammlungen statt, und es wurden Streiks beschlossen wie der berühmte Generalstreik Huelga de las Tranvías 1951. Als sich der Besitzer und Gründer Manuel Pastor Boné im Jahr 2000 zur Ruhe setzte und das Lokal schloss, erwarb Moritz Barcelona es und schenkte ihm eine zweite Jugend. Bei der Renovierung wurden der klassische Stil und der Jugendstil aus der Zeit der Einweihung erhalten, u. a. so sichtbare und typische Originalelemente wie die große Treppe und die Geländer aus Mahagoni, das Gesims, die Regale mit Spiegeln am Tresen, der Originalbillardtisch aus den 1930er Jahren und ein großer Teil der Möbel.

Bei der Renovierung blieben der klassische Stil und der Jugendstil aus dem Jahr 1933 erhalten

Regale mit Spiegeln hinter Tapas-Produkten am Tresen

Auch das gastronomische Angebot mit einer Küche, die täglich von 6 Uhr morgens bis 3 Uhr nachts öffnet, steht im Einklang zu der bezaubernden Umgebung. Küchenchef ist Jordi Vilà (ein Michelin-Stern in seinem Restaurant Alkimia), und er setzt auf katalanische Küche mit einem leicht französischen Einschlag wie in den klassischen französischen Bistros. Es gibt ausgezeichnete, jedoch nicht zu ausgefallene Tapas und kleine Tellergerichte in großer Vielfalt und für jeden Geschmack.

Zum einen werden die typischen Tapas am Tresen gereicht (Anschovis, Sardellen, Cocktailspießchen), aber auch die Tapas aus der Küche, in die man sein Brot tunken kann. Diese sind typisch für das Velódromo, und wir empfehlen *Siscentó* Barcelona mit Auberginen, *Escalivada* und Anschovis; die panierten Tintenfischringe; die *Bomba de la Barceloneta* (gefüllte Kartoffelbällchen); *Esqueixada* vom Stockfisch (kalter Salat); die Spiegeleier mit *Butifarra del perol* (katalanische Wurst); gratinierte Makkaroni; Reis mit Tintenfisch und die Kalbsbäckchen a la Epidor.

Und anschließend etwas Süßes, beispielsweise Sachertorte, gestürzte Apfeltorte oder Gran baba mit Zuckerrohr-Rum, *Crema catalana* (katalanische karamellisierte Cremespeise) und Käsepudding mit *Crumble*. Und natürlich gibt es als Getränk das Bier von Moritz vom Fass, in kleinen oder großen Gläsern. Aber es gibt auch die „21 Stunden Non Stop Cocktails“ mit „Flatrate“, die sich an jede Tageszeit anpassen. Ein gastronomischer Genuss in einer kosmopolitischen Umgebung!

EL VELÓDROMO
Carrer de Muntaner, 213 ▸ Route **7**

„TAPAS VOM TRESEN", „TAPAS AUS DER KÜCHE UND ZUM BROT TUNKEN" DEFINIEREN DAS GASTRONOMISCHE ANGEBOT DES VELÓDROMO.

GUINALDO

MUNDIAL BAR

Ein Jahrhundert in El Born

Die Familientradition von Francesc Tort, des heutigen Inhabers dieses mystischen, ursprünglichen und erfolgreichen Lokals geht bereits auf seinen Großvater Miquel zurück, der im Jahr 1914 mit 16 Jahren die Bodega de Chispa mietete, wo er als Kellner arbeitete. 1925 änderte Miquel den Namen der Bodega und nannte sie Bar Mundial, ein Name, der mehr im Zeichen der aufgewühlten Zeit stand, die sich auf die ganze Stadt und auch auf das Viertel auswirkte. Barcelona bereitete sich in jener Zeit auf die Weltausstellung 1929 vor, und El Born, der zentrale Markt und der Bahnhof Estación de Francia, der Barcelona mit dem Rest Europas verband, waren die wichtigsten Motoren der wirtschaftlichen Aktivität und der Ort, an dem Reisende und Arbeiter aus ganz Spanien ankamen.

Die Ästhetik des Lokals ist seiner Geschichte treu. Der Boden ist aus Terrazzo, die Wände sind gefliest, die schmiedeeisernen Tische haben Platten aus Marmor und die Wände sind voller Boxkampfmotive. Am Tresen hängen Fotos von Boxern jener Epoche und gegenüber befindet sich eine riesige bunte Wandcollage, die ebenfalls dem Boxen gewidmet ist.

Die Wände des Mundial erinnern an die Vergangenheit des Lokals, die eng mit dem Boxkampf verbunden war

Die Familie Tort an der Tür des Mundial

Der Grund für diese Dekoration, die glücklicherweise bis in die Gegenwart überlebt hat, war die Freundschaft von Miquel mit Pedro Balaña, einem Unternehmer im Stierkampf und im Boxsport. Im Jahr 1938 wurde die Bar Mundial zum Sitz der Peña Bartos (Freundeskreis Bartos). Segundo Bartos war 1933 und 1934 spanischer Meister im Leichtgewicht. Diese Peña wurde 1965 aufgelöst, aber die Wände des Mundial erinnern weiterhin an sie.

Nicht nur Erinnerung, sondern Realität sind die Tapas und Portionen, die der weltlichen Kundschaft angeboten werden. Tapas und Portionen, die in den ersten Jahrzehnten Konserven waren, aber bereits 35 Jahren unter der kulinarischen Leitung der Mutter und der Tante von Francesc zubereitet wurden, und dann von Andrés Rosillo. Gereicht werden frische Meeresfrüchte und frischer Fisch und andere Gerichte der Marktküche.

Francesc empfiehlt, je nach der Tageszeit zu den Tapas einen Wermut des Hauses oder ein Glas Bier der Marke Estrella Damm zu trinken. Es wird auch Wein in Gläsern und Flaschen serviert. Sie sollten den Salat mit Thunfisch, Garnelen und Krebsen kosten, oder die panierten Tintenfischringe, die auf der Platte gegrillten Herzmuscheln und Schwertmuscheln, den Tintenfisch mit Hackfleischklößchen, die Auberginenscheiben mit Honig und Ziegenkäse, den Stockfisch *a la llauna*, das Schweinefilet mit roten Früchten und frischer Foie gras, die in Rum flambierten Tintenfischstreifen und den frischen Thunfisch mit Tomate und Minze. Und als Nachtisch ein Coulant aus weißer und schwarzer Schokolade, ein Mojito-Mousse, Limettentorte oder Sachertorte mit Orange. *Roda el món i torna al Born*, dieser katalanische Ausdruck bedeutet so viel wie „auch wenn viel gereist wird, man kehrt immer wieder nach Hause zurück." Reise durch die Welt und komme ins Mundial zurück!

MUNDIAL BAR
Plaça de Sant Agustí Vell, 1 ▸ Route **2**

FISCH UND MEERESFRÜCHTE (INSBESONDERE MUSCHELN) SIND DIE ESSENZ UND SPEZIALITÄT DES MUNDIAL.

EL TOMÁS DE SARRIÀ

Die Bravas von Barcelona

Wenn man von Patatas Bravas, den typischen Kartoffeln mit scharfer Sauce, in Barcelona spricht, dann muss man auch von Tomás sprechen, dem Lokal in der Calle Mayor in Sarrià. Es existiert bereits seit 1919, aber das heutige Lokal liegt gegenüber und stammt aus dem Jahr 1956. Der Tresen, die Fenster und die Möbel wurden original aus dem ursprünglichen Lokal übernommen. Während des ersten halben Jahrhunderts seines Bestehens war Tomás die typische Bodega des Viertels, in der Wein vom Fass, Limonade, Bier und Erfrischungsgetränke verkauft wurden, und wo man auch eine Tapa aus der Konserve essen konnte.

Und Anfang der Siebziger fingen die Inhaber, die aus Aragón stammten, dann an, Patatas Bravas zuzubereiten. Der Erfolg war umwerfend und das Lokal war bald über die Grenzen des Stadtviertels, dann über die Grenzen der Stadt und schließlich über die Landesgrenzen bekannt. Heute sind die Patatas Bravas des Tomás weltberühmt.

Die Gäste genießen ihre Patatas Bravas

Das Geheimnis liegt in der Kartoffelsorte, die die gleiche ist, die die Churros-Meister für Pommes Frites benutzten. Und in der Art, wie die Kartoffeln geschnitten sind – längs, aber ziemlich dick und unregelmäßig – und wie sie frittiert werden. Natürlich kurz vor dem Servieren, so dass sie von außen goldbraun und knusprig und innen zart sind. Und natürlich liegt das Geheimnis auch in der Sauce: ein rotes, sehr scharfes Öl.

Außer den scharfen Bravas kann man auch gemischte Bravas bestellen, die sind nicht so scharf und werden mit einem ausgezeichneten Alioli (Knoblauchsauce) mit feiner Textur serviert. Auch wenn unglaublich viele Menschen für die Patatas Bravas Schlange stehen (eine halbe Stunde, bevor das Lokal öffnet, warten die Gäste schon vor der Tür, vor allem am Wochenende), ist das Tomás vor allem ein Tapas-Lokal, und bei einem guten Glas Bier der Marke San Miguel kann man noch andere Tapas kosten. Beispielsweise das belegte Brot mit Thunfisch und (manchmal scharfen) Paprikaschoten, die Anschovis aus Kantabrien, den Russischen Salat, die hausgemachten Hähnchenkroketten und die Thunfischpasteten.

Das Tomás ist bei weitem nicht so auffallend gestaltet wie andere Lokale, und trotzdem oder vielleicht deshalb zieht es die verschiedensten Menschen jeden Alters und aus allen Gesellschaftsschichten an. Hier kann man bekannte Politiker und Künstler treffen, und auch Studenten, Arbeiter, die Leute aus dem Viertel, Führungskräfte und Unternehmer. Und alle haben einen guten Grund für diese Pilgerfahrt. Tomás: Ein Hoch auf diese Patatas Bravas!

EL TOMÁS DE SARRIÀ
Carrer Major de Sarrià, 49

AUCH WENN DAS ANGEBOT AN TAPAS IM TOMÁS RECHT GROSS IST, SO WURDE DAS LOKAL DOCH AUFGRUND SEINER PATATAS BRAVAS ÜBER DIE STADTGRENZEN HINAUS BERÜHMT.

12 €
16€
3'50 €

TAPAS, 24

Eine typische Kneipe

Wenn man mit Carles Abellan spricht, dem Küchenchef, dem für sein Comerç, 24 ein Michelin-Stern verliehen wurde, so erzählt er immer wieder von seiner Leidenschaft, nämlich in allen Bereichen, sogar in den einfachsten Kneipen, der „Küche von Barcelona“, ein Konzept, das von ihm selbst stammt, mehr Würde zu verleihen. Diese kulinarische Philosophie entwickelte er in einer Strandbar am Strand La Guingueta in Barcelona (2013), in dem Gasthof Suculent (2012), in der „Produktküche“, in der er zum Wesentlichen zurückkehrte, im Bravo 24 (2009) und in dem Tapas-Lokal Tapas, 24 (2006).

Und all das nach einer bemerkenswerten beruflichen Laufbahn, die mit der Ausbildung an der Hotelfachschule (Escuela Superior de Hostelería) in Barcelona begann. Er war ein Schüler des ersten Abschlussjahrgangs, und er konnte so phantastische Erfahrungen machen wie in den Neunzigern mit Ferran Adrià im elBulli zu arbeiten. Ebenso war er Küchenchef und Direktor des berühmten Talaia Mar. Und zusammen mit Ferran Adrià entwarf er das gesamte gastronomische Konzept der Hacienda Benazuza in Sevilla.

Das Tapas, 24 war die erste Gastrobar von Barcelona

Carles Abellan auf der Terrasse seines Lokals

Und bei all diesen Tätigkeiten und ständigen Aktivitäten hatte er noch Zeit, über sein eigenes Projekt nachzudenken, das er im Jahr 2001 startete. Und das war das Comerç, 24, das den Namen der Straße und der Hausnummer in dem schönen alten Viertel Born trägt. Hier setzte er sein ganz persönliches Konzept um, das ihm schon lange vorschwebte: Autorenküche in Miniatur. Serviert werden kleine Portionen, bei denen er sein ganzes kreatives Talent anwendet, ein sehr zeitgemäßer Look in einem klassischen Rahmen, also mit Weinkarte, Sommelier usw. Dafür wurde ihm 2007 ein Michelin-Stern verliehen.

Carles Abellan bezeichnet das Tapas, 24 als ein *Downshifting*, eine Rückkehr zum einfachen Leben, zur traditionellen Tapa und zur Eckkneipe, immer mit dem Geist des Comerç, 24. Das erste Lokal mit traditionellen Tapas, das von einem Küchenchef mit Michelin-Stern eröffnet wurde, hatte sofort einen umwerfenden Erfolg. Überzeugen Sie sich selbst und bestellen Sie den Russischen Salat mit Brotstängchen aus Jerez, die Hähnchenflügel in koreanischer Sauce, den Thunfisch im Stil Shunka, die Kroketten aus Iberischem Schinken und das Brathähnchen, den McFoie Burger und den Bikini Comerç, 24. Und dazu nach Empfehlung des Chefs einen Rotwein Abellan Arribas Priorat oder einen Weißwein Abellan Costers del Segre. Und als Nachtisch, Schokolade mit Brot, mit Olivenöl beträufelt und mit Salz bestreut, die Crema Catalana oder die *Carquinyolis* mit Schokolade (a la piedra). Tapas, 24, ein gelungenes Konzept und die typische Kneipe mitten im Eixample von Barcelona.

TAPAS, 24
Carrer de la Diputació, 269 ▸ Route **8**

ABELLAN VERWENDET SEIN KREATIVES TALENT AUF DIE TRADITIONELLEN TAPAS UND KLEINEN PORTIONEN.

EL XAMPANYET - CA L'ESTEVE

Drei Generationen mit einem Ziel

Und zwar mit dem Ziel, aus Ca l'Esteve einen Klassiker der Oberliga in der Stadt zu machen, und mit einem Getränk der „zweiten" Liga, dem *Xampanyet* (Perlwein). Seit 1929 führen drei Generationen der Familie Esteves dieses Lokal — Esteve Ninou, der Gründer, Estevet, dessen Sohn, der das Lokal bis 1970 führte, und Joan Carles (für die Nachbarn der „kleine Estevet"), der Enkel und die Person, die diese Sage fortsetzt. Bis heute ist dieses Lokal in der Straße Montcada eines der beliebtesten Tapas-Lokale der Stadt. Und das trotz der grundlegenden und ständigen Veränderungen, die in dem Viertel La Ribera stattgefunden haben.

1929 drehten sich die wirtschaftlichen Aktivitäten im Viertel um den zentralen Versorgungsmarkt der Stadt (El Born, nach dem auch das ganze Viertel benannt ist), und bei den Geschäften handelte es sich um kleine Kolonialwarenhändler und Läden, in denen die niedrigeren Gesellschaftsklassen einkauften. Diese wohnten hier und aßen in den Restaurants und Bodegas, wo sich die Arbeiter auch in ihren kurzen Pausen von der schweren Arbeit auf dem Markt erholten.

Blick über den Tresen des Xampanyet

Estevet am Eingang des Xampanyet

Nach einigen Jahren der Dekadenz entdeckte man das Viertel El Born wieder, und heute ist es eine der beliebtesten Zonen der Stadt. Nachdem der Markt in einen Außenbezirk verlegt wurde, kam El Born in Mode, und auch Touristen sind überall anzutreffen, beispielsweise im Picasso-Museum und im Kulturzentrum. Diese erstklassigen Einrichtungen und unzählige Modeläden und Designläden junger unabhängiger Designer und Modeschöpfer, und auch die Nachtlokale haben die kleinen, lokalen Geschäfte verdrängt.

Ca l'Esteve hat all diesen Veränderungen widerstanden und der Ruf des Lokals überschritt die Landesgrenzen. Warum? Das Lokal blieb seinem Stil immer treu, die Dekoration aus den Vierzigerjahren bewegt sich irgendwo zwischen bunt gemischt und chaotisch. Das Lokal ist voller Mosaike, typischer Gegenstände, Weinfässern und Marmortischen mit Beinen aus Schmiedeeisen. Und auch die Produkte blieben die gleichen: Tapas in Konserven, Wurstwaren und Marinaden. Besonders lecker sind die Anschovis, die vielleicht die besten der Stadt sind. Aber eine Veränderung gab es doch. Ein neues Schild ist aufgetaucht, auf dem der Name des Getränks zu lesen ist, für das das Lokal so berühmt ist, der Xampanyet, ein weißer Perlwein.

Auch wenn es voll ist, gehen Sie rein. Sie werden schnell und effizient bedient, sobald Sie ein Plätzchen gefunden haben. Und Sie können die ausgezeichneten Anschovis aus Kantabrien bestellen, die in ein Jahr lang in Fässern mit Salzlake eingelegt werden. Dann werden sie gewaschen und mit einer Gewürzmischung gewürzt, die ein Geheimnis des Hauses ist. Auch die Venusmuscheln, die Herzmuscheln, das Bauchfleisch vom Thunfisch, die Miesmuscheln in Marinade und die Wurstteller mit Iberischen Wurstwaren sind köstlich.Und dazu natürlich ein Glas Xampanyet. Aber auch ein Wermut des Hauses oder ein Glas Estrella Damm passen perfekt dazu. El Xampanyet, das beliebteste Lokal im Born!

EL XAMPANYET - CA L'ESTEVE

Carrer de Montcada, 22 ▸ Route **2**

DIE ANSCHOVIS, DIE IM XAMPANYET ZUBEREITET WERDEN, SIND VIELLEICHT DIE BESTEN IN BARCELONA. DIE LEUTE AUS DEM VIERTEL NENNEN DAS LOKAL CA L'ESTEVE.

LA COVA FUMADA

Die Essenz der Barceloneta

Wenn man von der Cova spricht, so spricht man von der Barceloneta, dem Viertel der Arbeiter, Seeleute und Fischer, in dem sich bis heute die typischen Charakterzüge erhalten haben, die das Viertel seit seinem Entstehen Mitte des 18. Jh. kennzeichneten. Es entstand auf einem Gelände, das man dem Meer abgerungen hatte. Und die Cova ist ein gutes Beispiel für die Barceloneta. Das Lokal existiert seit 1945 in dem Viertel, und es ist so bekannt, dass nicht einmal ein Schild draußen angebracht ist. Und jeder kennt es unter dem Namen, den die Nachbarn selbst dem Vorgänger des heutigen Lokals gegeben haben, dessen Küche, Wände und Decke von Kohlenrauch geschwärzt waren. Man nannte es die „geräucherte Höhle".

Maria Pla und Magí Solé (die Großeltern der heutigen Inhaber, Magí und Josep Maria) eröffneten in jenem Jahr eine Bodega, in der es einen Küchenherd gab, auf dem sich die Arbeiter von Vulcano und La Maquinista (bekannte Fabriken im Viertel, die es heute nicht mehr gibt) ihr mitgebrachtes Essen aufwärmen konnten. Ebenso kamen die Kaiabeiter und die Arbeiter von Fischmarkt, die Maultiertreiber usw.

Fisch und Meeresfrüchte sind die Grundlage der Küche des Cova

Palmira Fresquet, heutige Köchin der Cova und die Mutter von Magí und Josep Maria

Allmählich begannen die Großmutter Maria und ihr Sohn Magí selbst, einige Gerichte wie Sardinen und Sardellen in Marinade oder gegrillt zuzubereiten. Da das Essen großen Zuspruch fand, wurde das Angebot um Stockfisch „a la llauna“ (in einer speziellen Dose zubereitet), Venusmuscheln auf der Grillplatte, Schweinefüße usw. erweitert. Aber was das Lokal weit über die Grenzen des Viertels hinaus bekannt machte, war die mit Fleisch gefüllte und dann panierte und frittierte Kartoffel (eine Erfindung von Maria) mit einer scharfen Sauce (Erfindung ihres Sohns Magí), die sie aufgrund ihrer Form und ihres Aussehens mit dem treffenden Namen Bomba (Bombe) tauften.

Magí und Josep Maria, die Enkel der Gründer, arbeiteten schon seit ihrer Kindheit in La Cova, und zusammen mit Guillem (vierte Generation der bekannten Familie Solé) haben sie das Wesen des Lokals erhalten. Der Tresen, die Tische und die Atmosphäre sind die gleichen wie vor 70 Jahren, und die Küche hat weiterhin treue Stammgäste, und auch neue Fans. Außer der Bomba sollten Sie auch die Artischocken kosten, und *Cap i pota* (Eintopf), den Bacalao *a la llauna*, die *Aixafada* (Blutwurst mit Kichererbsen) und natürlich die Tapas mit Fisch und Meeresfrüchten, die aufgrund der jahrelangen guten Beziehungen zur Fischbörse in Barcelona und Vilanova jeden Morgen frisch gebracht werden. Serviert werden exzellente Kalmaren, Sardinen, Miesmuscheln, Schwertmuscheln, Krevetten und Kaisergranat, die auf der Grillplatte zubereitet werden. Ebenso köstlich ist der Tintenfisch a la marinera (in Sauce) und die Tintenfischstückchen mit Zwiebeln. Und zu den Tapas ein Wein des Hauses (weiß oder rot), Bier Estrella Damm in kleinen (quinto) oder mittelgroßen (mitjanas) Flaschen. La Cova, Bombenstimmung, super Essen.

LA COVA FUMADA
Carrer del Baluard, 56 ▸ Route **1**

DIE ESSENZ DER BARCELONETA, DEM FISCHERVIERTEL VON BARCELONA, HAT SICH IN DER COVA FUMADA BIS HEUTE ERHALTEN.

Antonio Simões

LA TAVERNA DEL CLÍNIC

Das Hospital der Tapa oder das Wirtshaus des Epikur

Lassen Sie sich von dem Schild vor dem Lokal nicht täuschen, es handelt sich nicht um die fade Cafeteria des benachbarten Krankenhauses Hospital Clínic. Auch sollten Sie sich von dem schlichten Bild eines Wirtshauses mit einem langen Tresen, mit aufgehängten Schinken, mit Weinfässern an den Wänden und den lärmenden Gästen nicht täuschen lassen. Die Stimmung ist dennoch gelassen und die Einrichtung erlesen.

Hier werden Tapas, kleine und große Portionen mit der Effizienz und Präzision der Chirurgen des benachbarten Hospital Clínic behandelt. Und die Patienten (die Gäste, die das Glück hatten, in dem kleinen Lokal Platz zu finden) werden mit dem „Ergebnis des Eingriffs" und der Philosophie von Epikur beglückt: Den Genuss suchen, jedoch immer auf rationale Weise, und Exzesse vermeiden, die zu Störungen führen könnten. Die Taverna del Clínic verbirgt seit 2006 hinter ihrem irreführenden und bescheidenen Namen ein gewaltiges gastronomisches Können.

Toni und Manuel Simoes

Und das ist nicht verwunderlich. Der junge Küchenchef Toni Simoes, der 2014 von der Academia Catalana de Gastronomía und Nutrición zum besten jungen Koch 2014 gewählt wurde, band sich schon vor 14 Jahren im O Enxebre, in dem galicischen Restaurant seines Vaters, zum ersten Mal die Kochschürze um. Dann absolvierte er die Hotelfachschule von Barcelona, und beendete seine Ausbildung an den Herden von Can Fabes, dem mystischen Restaurant des früh verstorbenen Santi Santamaria, das mit drei Michelin-Sternen ausgezeichnet wurde. Die galicischen Ursprünge der Familie und die persönliche Laufbahn von Toni spiegeln sich in klassischen Gerichten wider, die mit kreativer Besonnenheit aktualisiert wurden. Die Grundlage bilden radikale Produkte wie biodynamisch angebautes Gemüse, Fisch aus der Fischbörse und Zutaten aus kleinen Landwirtschaftsbetrieben.

Andererseits gab auch sein älterer Bruder Manuel Simoes seinen Beruf als Zuschneider für die Industrie und die Haute Couture auf, um die Beziehungen zu den Gästen zu designen. Er ist der Oberkellner und ein erfahrener Sommelier mit Titeln wie Chevalier de l'Ordre de Coteaux de Champagne. Deshalb sollten Sie sich von Manuel beraten lassen, um den perfekten Wein zu den leckeren Gerichten zu finden: *Bravas* (pikante Kartoffeln) der Taverna, Tintenfisch-Iglu, Carpaccio aus Jakosbsmuscheln mit Spinat und Yuzu-Schaum, gegrillter Kalmar mit Topinambur und Forellenkaviar, *Zamburiñas* auf galicische Art mit Blumenkohlcreme und iranischem Kaviar, in Sake konfitiert, Steinpilz-Cannelloni mit Foie, Zicklein, gefüllt mit Bries, Ochsenschwanzpastete im Priorat-Wein, und als Nachtisch die leckere Apfeltorte oder das Schoko-Spezial mit Macallan-Whisky. Kulinarischer Epikureismus!

LA TAVERNA DEL CLÍNIC
Carrer del Rosselló, 155 ▸ Route **7**

DIE TAVERNA DEL CLÍNIC, VERBIRGT HINTER IHREM IRREFÜHRENDEN UND BESCHEIDENEN NAMEN EIN GEWALTIGES GASTRONOMISCHES KÖNNEN.

·Mandon
·Carpac
·Amani
·Arros
·Daus d

BAR MUT

Ein Lokal wie im Film

Und das nicht nur wegen der Beziehungen nach New York durch einige berühmte Gäste wie Woody Allen und Robert de Niro.
Die Gründer und Eigentümer der Bar Mut, Kim Diaz und Eva Pahissa, arbeiteten in der Werbe- und Filmproduktion, als sie 2005 beschlossen, ihr Leben zu ändern. Sie kauften ein altes Lokal in dem modernistischen Viertel Eixample (Bar Lis, 1934). Als ästhetisches Konzept wählten sie die typische Bodega der Stadt, vielleicht, weil sie erst vor kurzer Zeit in einer solchen Bodega gedreht hatten. Passend zu dem edlem Viertel und den alten Originalelementen des Lokals, beispielsweise den Bodenfliesen, wählten sie ausschließlich edle Materialien wie Holz, Marmor und Messing.
So schufen sie eine einladende und helle Umgebung, die von dem Geist der alten Bodegas im Viertel in den Dreißiger- und Vierzigerjahren des 20. Jh. inspiriert ist.

Im Mut findet man die Atmosphäre der alten Bodegas der Stadtviertel wieder

Ein gastfreundlicher und heller Winkel

Kim und Eva möchten, dass die Gäste schöne Momente in ihrem Lokal verbringen, und so schufen sie ein liebenswürdiges „joc de Vida“ (Spiel des Lebens). Bereits der Name des Lokals ist ein Wortspiel, Barmut erinnert an das katalanische Wort für Wermut, wobei sowohl das aromatische Getränk als auch die Gewohnheit gemeint ist, am Sonntagvormittag zu einem Getränk eine Kleinigkeit zu essen. Und „Bar Mut“ bedeutet auch die stumme Bar, vielleicht in Anspielung an die Stille, die man für die Dreharbeiten in dem ehemaligen Beruf der Eigentümer brauchte. Beides wird auf Katalanisch absolut gleich ausgeprochen.

Die schöne Umgebung wird mit ausgezeichneten Produkten und einer aufmerksamen Bedienung ergänzt. Dazu wurden die besten Köche und Kellner eingestellt. Victor Lema bereitet in der Küche ausgezeichneten Fisch und Meeresfrüchte aus der Fischbörse von Vilanova und Barcelona zu. Auch die anderen Zutaten stammen von kleinen und exklusiven Lieferanten.

Zu einem frischen Glas Bier der Marke Estrella Damm oder einem guten Wein, mit Auswahl zwischen 230 Sorten, passen der leckere Carpaccio mit Spiegelei, die Kroketten a la Mama, der Thunfisch des Mut, die Krevetten aus Vilanova, der gegrillte Tintenfisch, das Filet mit Foie und der Reis des Mut. Als Nachtisch die berühmte Torrija (armer Ritter), ein Schokoladen-Coulant oder ein Joghurteis mit Tomatenmarmelade und Basilikumöl. Wir bitten um Ruhe, es werden Tapas gegessen!

BAR MUT
Carrer de Pau Claris, 192 ▸ Route **8**

IM BAR MUT ERLEBEN KIM DÍAZ UND EVA PAHISSA GROSSE KULINARISCHE AUGENBLICKE MIT IHREN GÄSTEN.

TAKTIKA BERRI

Aus der Pfanne auf den Tresen

Einige der besten und leckersten *Pintxos* (Fleischspießchen) aus Donosti kann man in Barcelona essen, in einer Stadt, in der diese Art von Tapas früher fast nicht bekannt war. Das änderte sich, als die Familie Fernández-Erdocia ihr San Sebastián verließ und einen neuen Anfang machte, einen neuen wirtschaftlichen Anfang, und zwar vor fast zwei Jahrzehnten in Barcelona.

Ihr gastronomisches Wissen, das absolut der exzellenten baskischen Tradition gerecht wird, lässt keinerlei Zweifel an der Ursprünglichkeit und Qualität ihrer *Pintxos* aufkommen. Julián Fernández erlernte in den zwei typischen gastronomischen Gesellschaften Amaikak-bat und Gaztelubide in San Sebastian die Kunst des Kochens, und er gehört auch weiterhin diesen Gesellschaften an. Seine Mutter Alejandra Mendiburu erlernte die Geheimnisse der baskischen Küche in dem Gehöft, in dem sie zur Welt kam. Und seine Frau Carmen Erdocia, die heutige Verantwortliche für den Erfolg von Taktika Berri, war eine begnadete Schülerin beider Meister.

Carmen Erdocia ist die heutige Verantwortliche für den Erfolg des Taktika

Am Eingang zum Taktika sieht man die traditionelle Ästhetik des Baskenlandes

So servieren Julián und Carmen zusammen mit ihrer Tochter Maria, der Oberkellnerin, ihren Stammgästen, die aufgrund der freundlichen Bedienung und der Qualität wirklich treu sind, kalte und warme *Pintxos*, frisch und mit viel Liebe aus hochwertigen Zutaten zubereitet. Wenn man im Taktika ein *Berri* ist, also ein Neuer, denn das heißt *Berri* auf Baskisch, muss man aufmerksam auf die ständige Parade der Tabletts mit *Pintxos* achten, die direkt aus der Küche auf den Tresen kommen. So kann man die besten Klassiker entdecken: Salate (mit Thunfisch oder Paprikaschoten), *Gildas* (mit Pfefferschoten, Oliven und Anschovis), *Tortillas* (sowohl Kartoffel- als auch Stockfischomeletts), *Zamburiñas*, *Morcilla* (Blutwurst) aus Sotopalacios, Kroketten, *Chistorra* (scharfe Paprikawurst) aus Vera de Bidasoa, Fisch, vielleicht der am besten zubereitete Fisch in ganz Barcelona, sowohl Stockfisch als auch panierten Seehecht. Man muss natürlich auch für den Nachtisch ein bisschen Platz lassen. Wir empfehlen das Blätterteiggebäck mit Sahne und Erdbeeren, den Pudding mit Frischkäse und *Coca* (Zuckerkuchen) de Llavaneres.

Und was trinkt man zu den *Pintxos*? Wenn man den baskischen Gewohnheiten folgt, gibt es verschiedene Optionen, nämlich *Zuritos* (kleines Glas Bier), den Chacolí de Guetaria (baskischer Weißwein), *Sidra* (Apfelwein) aus Asturien und junge Rotweine aus Rioja. Die letzte Option ist sehr typisch für das "Txikiteo", was auf Baskisch bedeutet, von Kneipe zu Kneipe gehen und in jeder ein Glas Wein trinken. Goza ezazu! (Genießen Sie es!).

TAKTIKA BERRI
Carrer de València, 169 ▸ Route **7**

DIE BESTE KÜCHE AUS DONOSTIA, ZUMINDEST, WENN MAN VON TAPAS UND FLEISCHSPIESSCHEN SPRICHT, DIE MAN IN BARCELONA FINDEN KANN.

CHANQUETE 8
ENSALADILLA RUSA 3
SECALLONA 11
TARTIN TRUFADO 19
GUISANTES 12
BIKINI 12
LOMO DE BONITO 10

BODEGA 1900

Unser täglicher Wermut.....

Albert Adrià konnte sich schon vor geraumer Zeit von Namen und vorgefassten Meinungen wie „der Bruder von Ferran Adrià", „der Konditor vom elBulli" oder „der MiniBulli" frei machen. Das beweisen die Wahl zum internationalen Chef des Jahres 2013 durch The Daily Meal und die Tatsache, dass seine Restaurants Tickets und 41° die ersten Michelin-Sterne erhielten. Auch das Pakta, ein anderes seiner Restaurants, wurde 2014 mit dem ersten Michelin-Stern ausgezeichnet und 2015 wurde das Ticket in die Weltrangliste der 50 Best Restaurants aufgenommen. Albert wurde in der gleichen Rangliste zum besten Konditormeister der Welt erklärt.

Albert eröffnete Bodega 1900 diskret Ende 2013. Er suchte in diesem Lokal eine andere Herangehensweise an die kreative Küche und ließ seine Kindheit wieder aufleben, in der er an der Hand seines Vaters in die Bodega im Viertel ging, wo der Vater seinen Wermut trank.

Albert kümmerte sich auch um die Dekoration des Lokals, das sich in einem Gebäude aus dem Jahr 1900 befindet, daher der Name. Er wollte, dass die Gäste in das Lokal kommen und das Gefühl haben, in einer der typischen Bodega zu sein, die es immer schon in den alten Vierteln Barcelonas gab.

Albert Adrià ist auch für die Dekoration des Bodega 1900 verantwortlich

Albert Adrià in seiner Bodega 1900

Und was passt zu dem traditionellen Wermut? Zunächst muss gesagt werden, dass zwölf Sorten Wermut angeboten werden, einige davon sind bekannte internationale Marken und andere stammen von kleinen lokalen Kellereien. Hinzu kommt eine Coupage, die Martini exklusiv für Albert herstellt. Aber Sie können auch ein kühles Glas Estrella Damm vom Fass oder einen wohlschmeckenden Wein trinken. Und wie in allen traditionellen Bodegas gibt es dazu gepökeltes Fleisch, Eingelegtes, Marinaden, Wurstwaren und Konserven, und alles außer den Herzmuscheln und den Wurstwaren Joselito (die große Marke der Iberischen Wurstwaren) wird in der Bodega selbst hergestellt. Außerdem gibt es auch kleine warme Gerichte, sowohl der klassischen Küche als auch vom Holzkohlengrill.

Um mit dem „Vermuteo" zu beginnen, gibt es nichts Besseres als hausgemachte Chips mit Wermutsauce, dann *La Cala de Albert Adriá*, das sind würzige geröstete Speckschwarten mit Anschovis San Filippo und gefüllten Oliven, die sich am meisten der Speise-karte von elBulli annähern. Anschließen könnte man eine Platte mit geräuchertem Pökelfleisch, konfitierte Thunfischlende in pikanter Sauce, getrockneten Thunfisch mit Mandeln oder Schwertmuscheln in weißer Marinade. Möchten Sie etwas Warmes? Kosten Sie die Kroketten aus Iberischem Schinken Joselito, die Foie gras vom Grill, das Brathähnchen, das hintere Rückenstück vom Iberischen Schwein (*pluma*) und einige der Eintöpfe des Tages. Und zum Abschluss gibt es unwiderstehliche Dessert, schließlich befinden Sie sich ja im Reich des „besten Konditormeisters der Welt". Es gibt immer Desserts mit Früchten: Melone mit Wermut, Strudel mit Erdbeersorbet und Sahne, geforene Aprikosentorte, Karottenkuchen und Schokoladenkrapfen. Bodega 1900, die Rückkehr in die Vergangenheit auf dem Weg in die Zukunft.

BODEGA 1900
Carrer de Tamarit, 91 ▸ Route **6**

FÜR ALBERT IST BODEGA 1900 EINE MÖGLICHKEIT, AUF ANDERE WEISE AN DAS KONZEPT KREATIVE KÜCHE HERANZUGEHEN UND DIE ERINNERUNGEN SEINER KINDHEIT HERAUFZUBESCHWÖREN.

Celler

QUIMET & QUIMET

Authentisch seit 1914

Alles begann damit, dass der Urgroßvater von Quimet Pérez eine Bodega eröffnete, in der er den Wein verkaufte, den er in seinen Weinbergen in Bruc in dem Landkreis Anoia herstellte. Dieses Lokal befindet sich in dem einfachen Viertel Poble-sec, nur wenige Meter von der Allee Paral·lel entfernt, dem barcelonesischen Montmartre des ersten Drittel des 20. Jh. In diesem Lokal haben vier Generationen von Quimets gelebt und gearbeitet.

Die Geschwister Quimet und Joana Pérez, Urgroßenkel des ersten Quimet, lebten in den Räumen hinter dem Lokal, zwischen den Fässern, Flaschen und Kühlschränken dieser typischen Bodega des Viertels. Die Leute im Viertel wussten, dass sie auch noch nachts um zwölf hierher kommen konnten, wenn sie eine Flasche Limonade brauchten. Heute ist Quimet & Quimet eines der bezauberndsten Lokale Barcelonas, fast ein Museum der Kultur der Bodegas, das den Gast vom ersten Augenblick an fesselt. Dabei ist diese Bodega gerade mal 25 m^2 groß, und es gibt nur drei Tische mit Hockern.

Quimet Pérez am Tresen seines „Bodega-Museums"

An allen vier Wänden befinden sich Regale, die voller Weinflaschen, Cava, Liköre, Bier, Delikatessen in Konserven und Plakaten historischer Marken und Sammlerplakaten sind. Die Getränkekarte ist nicht zu übertreffen, es werden über 500 Getränke jeder Art angeboten, u. a. Wermut vom Fass und das selbstgebraute Bier. Und dazu kommt eine ausgezeichnete Speisekarte. Im Quimet & Quimet gibt es keine Küche, deshalb werden nur kalte Speisen serviert. Das ist jedoch kein Problem, ganz im Gegenteil, dies macht das Lokal so typisch und originell.

Die Kellner des Quimet & Quimet öffnen die Dosen vor dem Gast und meist wird der Inhalt mit einem ausgezeichneten Dressing serviert. Hier sprechen die Kellner von Jahrgängen, wenn sie sich auf die Konserven beziehen, und es gibt die besten Käse- und Wurstsorten. Auf Bestellung werden ausgezeichnete kleine belegte Sandwiches frisch zubereitet.

Lassen Sie sich etwas empfehlen, und Quimet und sein Team kombinieren Ihr Getränk mit der passenden Tapa. Natürlich ist es schwierig, sich für etwas zu entscheiden, aber wir empfehlen die Kammmuscheln Natur, das Bauchfleisch vom Thunfisch mit Beilage, das kleine belegte Brötchen mit Lachs, Joghurt und Trüffelmilch, die Pommes Frites aus Murcia, den Spargel mit Zuckerrohrhonig und Lachs, das kleine belegte Brötchen mit Miesmuscheln und Kaviar mit konfitierter Tomate und die Kombinationen, die mit Meeresfrüchten, Räucherwaren oder Fleisch serviert werden.

Auch wenn das Lokal sehr klein und schnell voll ist, so ist die Qualität doch groß. Für Tapas-Liebhaber ein absolutes Must. Quimet & Quimet: Damit Sie sich die Finger ablecken!

QUIMET & QUIMET
Carrer del Poeta Cabanyes, 25 ▸ Route **5**

DIE QUALITÄT DER TAPAS UND BELEGTEN BRÖTCHEN DES QUIMET & QUIMET IST UMGEKEHRT PROPORTIONAL ZUR GRÖSSE DES LOKALS.

Tapas
del día
pulpo
Estrella
Damm
Casa de Tapes
Cañota

CASA DE TAPES CAÑOTA

Unterhaltsame Tapas in einer kreativen Umgebung

Die Brüder Iglesias haben bei dieser neuen gastronomischen Herausforderung auf Unterhaltung und Kreativität gesetzt. Und die Qualität der Tapas ist für die Brüder ein Anspruch, der ihnen bereits in die Wiege gelegt wurde. Schließlich war es ihr Vater, ein Emigrant aus Galicien, der in den 1950er Jahren das berühmte Fischrestaurant Rías de Galicia eröffnete. Dieser Qualitätsanspruch wurde noch durch die Allianz mit den Brüdern Adrià verstärkt, deren Lokale Tickets und 41° vor kurzem mit Michelin-Sternen ausgezeichnet wurden.

Ende 2011 beschlossen Juan Carlos, Borja und Pedro, das Risiko einzugehen und das Angebot an Tapas in Barcelona auf eine ganz neue und andere Art zu bereichern, sowohl was die Grafik als auch das Konzept des Lokals betrifft.

Die grafische Erneuerung ist eng mit der Welt der frischen und ungezwungenen Comics in Barcelona verbunden. Man sieht die Illustrationen überall im Cañota, an den großen Fenstern, auf den Plakaten an der Fassade, auf den Tellern, auf den T-Shirts und auf den Schürzen der Kellner und auf der Speisekarte, die ein 16-seitiges Comic ist und als Souvenir verkauft wird.

Die Welt des Comic ist überall im Cañota präsent

Juan Carlos und Borja Iglesias in ihrem Lokal

Was die Erneuerung des Konzepts betrifft, so gehören die so genannten *Foodgets* zum gastronomischen Angebot, beispielsweise Rotkäppchens Korb (Cesta de la Caperucita) oder das Russische Roulett (Ruleta Rusa), die manchmal mit einer kleinen Performance serviert werden. Dann gibt es die „Taparets“, eine neue Wortschöpfung aus Tapas und Kabarett, und andere schauspielerische Darbietungen.

Aber das Wesentliche ist nach wie vor vorhanden: leckere traditionelle Tapas, die von Liberio, dem Küchenchef zubereitet werden. Und von Zeit zu Zeit wirkt ein „geladener Gastkoch mit und hinterlässt seine Spur auf der Speisekarte. Zu diesen eingeladenen Köchen gehörten u. a. Dani García und Paco Roncero —mit zwei Michelin-Sternen —, und Arzak mit drei Michelin-Sternen.

Juan Carlos Iglesias empfiehlt die Sangria von La Cañota oder ein gutes Glas Estrella Damm vom Fass als Getränk zu den Top Ten des Lokals: Galicische Kartoffeln in scharfer Sauce von Albert Adrià; Kroketten aus Iberischen Schinken; Pulpo a feira (gekochte Krake, scharf); Burguerbull von Dani García; La cajita de los fritos (das Kästchen mit den frittierten Fischen und Meeresfrüchten) mit Pilpil-Sauce; Iberischer Schinken El Romero aus Salamanca; Spanferkelwürfel g.g.A.; Russischer Salat mit Lachskaviar; Anschovis Lolín 00 in ihrer geheimen Sauce und die Krevetten aus Palamós. Und natürlich die süßen Tapas. Herzlich willkommen in der Welt der Kochlöffel: Piña cocorrón (Ananas mit Überraschung); Crema catalana (katalanische karamellisierte Cremespeise) mit Mangosauce, Lingote de chocolate (Schokokuchen) von Paco Roig; und natürlich das Russische Roulett (Ruleta Rusa) (acht Bonbons von Escribà, eins davon fürchterlich „schlecht“). Wagen Sie es mitzuspielen?

CASA DE TAPES CAÑOTA
Carrer de Lleida, 7 ▸ Route **5**

IM CAÑOTA SETZT MAN AUF DIE QUALITÄT DER TAPAS UND AUF EIN NEUES KONZEPT DER KULINARISCHEN UNTERHALTUNG IN EINER KREATIVEN UMGEBUNG.

TAPAS
Barcelona

GEMÜSE

FISCHGERICHTE

MEERESFRÜCHTE

FLEISCH

SÜSSSPEISEN

40 Rezepte

FRITTIERTE ARTISCHOCKEN

25 Minuten | 4 Tapas

2 Artischocken / 50 g Weizenmehl / 50 g Maismehl / 200 ml Olivenöl / 1 Zitrone / Salz

1 Die Artischocken schälen und die harten Blätter entfernen. Den Stil und die Spitze abschneiden, um das Herz herauszunehmen. Die kleinen Fäden im Inneren mit einem Löffel entfernen. Die Artischocke in feine Scheiben schneiden (Sie können auch eine Reibe benutzen) und die Scheiben in eine Schüssel Wasser mit Zitronensaft legen.

2 Öl erhitzen. Das Mehl mit etwas Salz mischen. Die Artischockenscheiben abtropfen lassen, gut mit Küchenpapier oder einem Lappen abtrocknen und mit Mehl panieren. Das überschüssige Mehl entfernen.

3 Ein Viertel der Artischocken in das heiße Öl geben und goldbraun frittieren. Mit einem Schaumlöffel aus dem Öl nehmen und auf Küchenpapier abtropfen lassen. Sehr heiß servieren.

ESCALIVADA MIT ANSCHOVIS

50 Minuten | 4 Tapas

1 rote Paprikaschote / 1 Aubergine / 1 Zwiebel / ½ Knoblauchzehe / 8 Anschovis / 8 Scheiben Brot / 4 Esslöffel naturreines, kaltgepresstes Olivenöl / Salz

1 Die Paprikaschote und die Aubergine waschen und mit der ganzen Zwiebel auf das Backofenblech legen. Im vorgeheizten Backofen bei 200 °C 35 bis 40 Minuten weich backen. Sie können sie auch auf Holzkohle grillen, dann schmecken sie noch besser.

2 Das Gemüse abkühlen lassen, die Haut abziehen und die Kerne aus der Paprikaschote entfernen. In Streifen schneiden, leicht salzen und auf einen Teller legen.

3 Das Brot toasten und mit etwas Knoblauch einreiben. Das Gemüse und die Anschovis auf das Brot legen und etwas Olivenöl darüber geben.

SALAT MIT TOMATEN, FRÜHLINGSZWIEBELN UND BAUCHFLEISCH VOM THUNFISCH

15 Minuten | 4 Tapas

2 Tomaten / 1 Frühlingszwiebel / 150 g Bauchfleisch vom Thunfisch, Konserve in Olivenöl / 4 Esslöffel naturreines, kaltgepresstes Olivenöl / 12 Oliven der Sorte Arquebina / Salz / Pfeffer

1 Die Zwiebel waschen, in Scheiben schneiden und ung. 15 Minuten in Wasser mit Essig und Salz einweichen. Die Tomaten waschen, die Spitze abschneiden und in Spalten schneiden.

2 Die Thunfischkonserve öffnen und das Öl abtropfen lassen. Die Tomate und die abgetropfte Zwiebel auf einen Teller legen und den Thunfisch darüber verteilen. Leicht salzen, mit einem Schuss Öl würzen und die Oliven außen verteilen.

3 Mit einer feinen Scheibe Fladenbrot (Coca) servieren.

BOHNEN AUF KATALANISCHE ART

35 Minuten | 4 Tapas

600 g zarte Bohnen / 2 Frühlingszwiebeln / 2 Kartoffeln / 2 Zweige Minze / 100 g katalanische Blutwurst *(botifarra negra)* / 1 kleines Glas Weißwein (optional) / 4 Esslöffel Olivenöl / Salz / Pfeffer

1 Die Kartoffeln schälen und in kleine Würfel schneiden. Die Zwiebeln waschen, in zwei Hälften schneiden und dann in längliche Streifen. Die Blutwurst in Scheiben schneiden.

2 Das Öl in einem Topf erhitzen und die Blutwurst goldbraun anbraten. Aus dem Topf nehmen und beiseite stellen. Die Zwiebeln im gleichen Öl eine Minute lang anbraten. Die Kartoffeln, die Bohnen und einen Zweig Minze hinzugeben, den Wein und ein kleines Glas Wasser hinzugeben. Salzen und pfeffern, bedecken und bei schwacher Hitze 15 Minuten lang kochen lassen.

3 Den Deckel herunternehmen, die Blutwurst dazugeben, vorsichtig umrühren und das Wasser 3 bis 4 Minuten lang verdunsten lassen. Falls nötig, nachsalzen und den Zweig Minze herausnehmen. Die beiseite gestellte frische Minze hinzugeben und schnell servieren.

STEINPILZKROKETTEN

45 Minuten + Ruhezeit | 30 Kroketten

300 g Steinpilz / 1 Zwiebel / 2 Esslöffel Olivenöl / 40 g Butter / 3 Esslöffel Mehl (60 g) / ¾ l Milch / 2 Eier / 150 g Paniermehl / 300 ml Öl zum Frittieren

1 Die Pilze reinigen und den Stumpf abschneiden, schnell waschen und klein hacken. Die Zwiebel schälen und hacken.

2 Das Öl und die Butter erhitzen und die Zwiebel 3 bis 4 Minuten anbraten. Die Steinpilze hinzugeben und noch weitere 4 bis 5 Minuten anbraten. Das Mehl dazu geben und leicht goldbraun werden lassen. Ganz allmählich unter ständigem Umrühren die Milch hinzugeben, und auf niedriger Hitze noch 6 bis 7 Minuten köcheln lassen, bis ein sämiger Brei entsteht. In eine Schüssel geben und ganz abkühlen lassen (2 bis 3 Stunden).

3 Wenn der Teig gut knetbar ist, mit zwei Löffeln die Kroketten formen und sie zuerst in Paniermehl panieren, dann in die geschlagenen Eier geben und dann wieder in Panieröl rundum panieren.

4 Das Öl erhitzen und die Kroketten von allen Seiten goldbraun frittieren. Aus dem Öl nehmen und auf saugfähiges Küchenpapier legen, damit das Öl aufgefangen wird.

RUSSISCHER SALAT

30 Minuten | 4 Tapas

200 g Kartoffeln / 150 g Mohrrüben / 100 g grüne Bohnen / 2 Eier / 160 g Thunfischkonserve in Olivenöl
Für die Mayonnaise: 1 Ei / 150 ml Olivenöl / ½ Knoblauchzehe / 1 paar Tropfen Zitronensaft / Salz

1 Die Kartoffeln und die Möhren schälen und in 1 cm große Würfel schneiden. Die Spitzen der Bohnen abschneiden und in feine Streifen schneiden. Das Gemüse in ausreichend Salzwasser 10 - 12 Minuten lang kochen. Abtropfen lassen und unter fließendem kaltem Wasser abkühlen.

2 Zwei Eier in einen Topf Wasser geben, das Wasser zum Kochen bringen und die Eier 10 Minuten in dem kochenden Wasser lassen. Die Eier abtropfen lassen, unter kaltem Wasser abschrecken und schälen.

3 Das letzte Ei, die Hälfte des Knoblauchs, das Öl, eine Prise Salz und ein paar Tropfen Zitronensaft in ein Mixgefäß geben. Mixen, dabei den Mixer nicht bewegen, bis die Mayonnaise steif wird.

4 Die gekochten Eier hacken und mit dem abgetropften Thunfisch und dem Gemüse mischen, und die Mayonnaise unterrühren. In einer mit transparenter Folie bedeckten Schüssel bis zum Servieren im Kühlschrank aufbewahren.

KARTOFFELOMELETT MIT ZWIEBELN

35 Minuten | 4 Tapas

4 Eier / 3 Kartoffeln (650 g) / 1 große Zwiebel (200 g) / 150 ml Olivenöl / Salz

1 Die Kartoffeln schälen und in Scheiben schneiden. Die Zwiebel schälen und in feine Streifen schneiden.

2 Das Öl in der Pfanne erhitzen und die Zwiebel ein paar Minuten anbraten. Die Kartoffeln hinzugeben und bei mittlerer Hitze 15 bis 20 Minuten kochen lassen, bis die Kartoffeln weich und leicht golden sind. Mit einem Schaumlöffel aus dem Öl nehmen und gut abtropfen lassen.

3 Die Eier in eine Schüssel aufschlagen, mixen und die Kartoffeln, die Zwiebeln und einen halben Teelöffel Salz hinzugeben. 1 Esslöffel Öl in einer beschichteten Pfanne mit einem Durchmesser von 20 cm erhitzen und die Eierkartoffelmischung hineingeben. Bei niedriger Hitze das Omelett 2 Minuten lang kochen lassen. Mithilfe eines flachen Tellers umdrehen und von der anderen Seite 2 weitere Minuten kochen lassen.

4 Vom Herd nehmen, kurz abkühlen lassen und mit geriebenen Tomaten, einer Prise Salz und einem Schuss Olivenöl servieren.

KARTOFFELN IN PIKANTER SAUCE

30 Minuten | 4 Tapas

600 g Kartoffeln / 150 ml Olivenöl
Für die Sauce: 200 g zerstoßene Tomaten / 1 oder 2 Peperoni / 1 Ei / 1 Knoblauchzehe / 100 ml Olivenöl / Salz / Pfeffer

1 Für die Sauce: Einen Esslöffel Öl in einer Pfanne erhitzen, die Tomate und die Peperoni dazugeben, salzen, pfeffern und 15 Minuten lang bedeckt kochen.

2 Den geschälten Knoblauch, das Ei, das Öl und eine Prise Salz in ein Mixgefäß geben und mit dem Rührstab mixen. Den Rührstab dabei nicht bewegen, bis die Sauce komplett steif ist.

3 Die Kartoffeln schälen und in große Würfel schneiden. 10 Minuten in kochendem Wasser kochen und anschließend abtropfen lassen.

4 Das restliche Öl auf 180 °C erhitzen und die Kartoffeln 3-4 Minuten lang goldbraun frittieren. Auf saugfähigem Küchenpapier abtropfen lassen und auf kleinen Tellern servieren. Die Tomatensauce und die Knoblauchmayonnaise nach Belieben darüber geben. Sofort servieren.

SCHWARZER REIS

40 Minuten | 4 Tapas

300 g runder Reis / 200 g Kalmare / 1 halber Tintenfisch mit Tinte / 1 Zwiebel / 2 Esslöffel Tomatensauce / 1 Glas trockener Weißwein / 1 Knoblauchzehe / 2 Lorbeerblätter / 1,2 Liter Fischbrühe / 2 Zweige gehackte Petersilie / 4 Esslöffel Olivenöl / 1 Glas Knoblauchmayonnaise (optional) / Salz / Pfeffer

1 Den Knoblauch und die Zwiebel schälen und hacken. Die Hälfte des Öls in einer Pfanne erhitzen und den Knoblauch ein paar Sekunden anbraten. Geben Sie die sauberen Kalmare und Tintenfische dazu, und deren Tinte. Falls die Tinte tiefgefroren ist, verdünnen Sie sie mit einem Esslöffel lauwarmen Weißwein. Braten Sie alles unter Rühren kurz und gleichmäßig an.

2 Stellen Sie eine Paellapfanne oder eine andere große Pfanne auf den Herd, geben Sie das restliche Öl hinein und braten Sie die Zwiebeln 3 bis 4 Minuten an. Geben Sie den Reis unter ständigem Rühren hinzu, bis er eine goldbraune Farbe annimmt. Fügen Sie die Petersilie, das Salz, den Wein und die Fischbrühe hinzu, und lassen Sie die Brühe auf kleiner Flamme ungefähr 8 Minuten lang verdunsten.

3 Dann geben Sie die angebratenen Kalmaren und Tintenfische mit ihrer Tinte hinzu. Salzen und ungefähr 8 Minuten lang weiterkochen, bis der Reis weich ist. Wenn Sie den Reis mithilfe eines zylinderförmigen oder quadratischen Metallgefäßes servieren, sieht das Gericht besonders schön aus. Falls gewünscht mit Knoblauchmayonnaise (Alioli) servieren.

Ein paar Zweige Petersilie mit Olivenöl zerstoßen, so wird das Öl grün. Damit wird das fertige Gericht dekoriert.

STOCKFISCHKRAPFEN

45 Minuten | 4 Tapas

150 g zerkrümelter Stockfisch / 250 ml Milch / 100 g Butter / 150 g Mehl / 4 Eier / 2 Knoblauchzehen / 2 Esslöffel gehackte Petersilie / Salz

1 Den Stockfisch gut waschen, in ganz kleine Stücke zerkleinern, wieder waschen und 1 Stunde lang in Wasser legen, dabei das Wasser von Zeit zu Zeit wechseln.

2 In der Zwischenzeit die Milch mit Butter und einer Prise Salz erhitzen. Wenn sie kocht, vom Feuer nehmen, das Mehl auf einmal dazugeben und mit einem Holzlöffel kräftig umrühren.

3 Sobald ein kompakter Teig entsteht, der am Topfrand kleben bleibt, vom Feuer nehmen und weiter rühren, damit er abkühlt.

4 Wenn der Teig nicht mehr so heiß ist, die Eier nacheinander hinzufügen, mit einem Mixer rühren (am besten von Hand) und erst das nächste Ei hinzufügen, wenn das vorherige von dem Teig aufgenommen wurde.

5 Den gehackten Knoblauch und den Stockfisch hinzugeben, dabei darauf achten, dass er nicht mehr zu salzig ist. Gut zerkleinern, damit er gut vermischt wird, die Petersilie hinzufügen und vermischen. Kugeln formen und in das heiße Öl geben, bis sie aufquellen. Die Krapfen aus dem Öl nehmen, wenn sie goldbraun gebacken sind, und auf saugfähigem Küchenpapier abtropfen lassen. Heiß servieren.

Das Öl muss mittlere Temperatur haben. Wenn das Öl zu heiß ist, können die Krapfen innen roh und außen goldbraun sein. Probieren Sie mit den ersten Krapfen und ändern Sie die Temperatur, falls notwendig.

FRITTIERTER FISCH

20 Minuten | 4 Tapas

600 g frische Sardellen / 1 Ei / 1 Tasse Paniermehl / 1 Glas Öl zum Frittieren / Salz

1 Den Kopf und die Eingeweide der Sardellen entfernen, sie vorsichtig unter fließendem Wasser waschen, abtropfen lassen und auf Küchenpapier etwas trocknen lassen.

2 Das Ei schlagen und salzen. Den Fisch im Ei und Mehl panieren und in heißem Öl ein paar Minuten frittieren. Aus dem Öl nehmen und auf saugfähigem Küchenpapier abtropfen lassen.

3 Salzen und schnell servieren. Dazu passt ein Tomatensalat mit Oliven.

Auch wenn das Öl teurer ist, so ist es doch besser, den Fisch in Olivenöl zu frittieren. Es schmeckt besser und ist gesünder.

Der Fisch kann ohne Ei frittiert werden, dann ist er leichter und schmeckt auch sehr lecker.

GEGRILLTE SARDINEN MIT KNOBLAUCH UND PETERSILIE

15 Minuten | 4 Tapas

12 mittelgroße Sardinen / 1 Knoblauchzehe / 1 Zweig Petersilie / Olivenöl / Grobes Salz / Salz

1 Die Sardinen mit reichlich grobem Salz bestreuen und mindestens 30 Minuten ruhen lassen. Anschließend die Sardinen unter fließendem Wasser waschen, die Eingeweide entfernen, und auch die Schuppen, falls diese sehr dick sind.

2 Den Knoblauch schälen und hacken. Die Petersilie waschen, mit einem saugfähigen Küchenpapier trocknen und fein hacken.

3 Die Sardinen auf sanfter Glut oder auf einer heißen Grillplatte mit ein paar Topfen Olivenöl ungefähr 2 Minuten lang von jeder Seite anbraten.

4 Mit einer Prise Salz würzen und die gehackte Petersilien-Knoblauch-Mischung dazugeben. 30 Sekunden lang weiterbraten und vom Feuer nehmen. Sofort servieren.

Wenn die Sardinen sehr frisch sind, nimmt man normalerweise die Eingeweide nicht heraus. Falls die Sardinen auf der Glut gegrillt werden, müssen die Schuppen nicht entfernt werden, es sei denn, diese sind sehr dick. Die Schuppen der Sardinen können sehr einfach entfernt werden. Es genügt, den Finger oder ein Stück Küchenpapier über die Rücken zu reiben.

PANIERTE TINTENFISCHRINGE

20 Minuten | 4 Tapas

2 mittelgroße Kalmare / 200 g Mehl / 1 Zitrone / 2 Eier / Olivenöl / Salz

1 Die Kalmare reinigen und die Eingeweide, den Knorpel und den Schnabel entfernen. Die Tentakel in Stücke und den Körper in ungefähr 1 cm dicke Ringe schneiden.

2 Die Zitrone auspressen und die Kalmaren mit dem Saft beträufeln. Ungefähr 30 Minuten lang einlegen. In der Zwischenzeit die Eier in einem tiefen Teller schlagen, und einen anderen Teller mit Mehl füllen.

3 Die Tintenfische zuerst mit dem Mehl panieren und dann in das geschlagene Ei legen. In einer Pfanne mit reichlich heißem Fett frittieren.

4 Auf saugfähigem Küchenpapier abtropfen lassen, salzen und sofort servieren.

Falls Sie dies wünschen, können Sie die Tintenfischringe mit Zitronenscheiben servieren.

MAKRELEN IN MARINADE

50 Minuten + Ruhezeit | 4 Tapas

2 mittelgroße Makrelen / 1 Mohrrübe / 1 Zwiebel / 3 Glas Weißwein / 1 kleines Glas Sherryessig / 2 Knoblauchzehen / 1 Lorbeerblatt / 1 Zweig Petersilie / 4 schwarze Pfefferkörner / Salz

1 Die Mohrrübe schaben und in Scheiben schneiden. Die Zwiebel schälen und in Scheiben schneiden. Die Knoblauchzehe schälen und in feine Streifen schneiden. Die Makrelen reinigen, die Eingeweide und den Kopf entfernen und in ung. 4 cm dicke Scheiben schneiden.

2 Den Weißwein mit dem Essig, den Mohrrübenscheiben, der Zwiebel, dem Knoblauch, den Pfefferkörnern, dem Lorbeerblatt und der Petersilie in einen kleinen Topf geben. Zum Kochen bringen und bei niedriger Hitze 30 Minuten lang kochen lassen.

3 Die Makrelen in einen flachen Topf geben und sie mit der heißen Marinade bedecken.

4 Den Topf abdecken und die Makrelen auf niedriger Hitze 8 Minuten lang kochen lassen. Vom Herd nehmen und in der Marinade abkühlen lassen. Sobald sie kalt sind, mindestens 12 Stunden in den Kühlschrank stellen, damit sie den Geschmack aufnehmen.

5 Aus dem Kühlschrank nehmen, um sie bei Raumtemperatur zu servieren.

Die Marinade ist eine traditionelle Konservierungsmethode für Lebensmittel. Um ein optimales Ergebnis zu erzielen, empfiehlt es sich, die Makrelen zwei oder drei Tage lang im Kühlschrank in der Marinade zu lassen. Man kann auch andere fette Fische wie Thunfisch, Sardinen, Stöcker usw. nach diesem Rezept zubereiten, ebenso Wachteln und Hähnchen.

PANIERTE SPIESSCHEN MIT SEETEUFEL UND ARTISCHOCKEN

15 Minuten | 4 Tapas

300 g Seeteufelfilet / 2 mittelgroße Artischocken / 1 Zitrone / 1 Ei / 4 Esslöffel Mehl
Olivenöl / Pfeffer / Salz

1 Das Seeteufelfilet in 2 cm große Würfel schneiden.

2 Die Artischocken reinigen und ein Drittel der Spitze, den Stil und die äußeren Blätter entfernen. Vierteln und das innere Heu entfernen. Mit Zitronensaft beträufeln, damit sie nicht oxidieren und schwarz werden.

3 Abwechselnd die zwei Seeteufelwürfel und zwei Artischockenstücke auf einen kleinen Spieß stecken. Das gleiche mit den anderen drei Spießen wiederholen.

4 Zuerst die Spießchen in Mehl panieren, und dann in dem geschlagenen Ei und in einer großen Pfanne mit reichlich sehr heißem Olivenöl frittieren.

5 Auf saugfähigem Küchenpapier das überschüssige Öl abtropfen lassen, salzen und pfeffern und gleich servieren.

Diese Spießchen können auch mit einer Sauce serviert werden: Sojasauce, Teriyaki, Romesco-Sauce...

STOCKFISCH „A LA LLAUNA"

30 Minuten | 4 Tapas

4 Rückenstücke Stockfisch, entsalzen / 1 Tomate / 2 Knoblauchzehen / 1 Teelöffel Paprikapulver / 1 Glas Weißwein / Olivenöl / Pfeffer / Salz / Petersilie

1 Den Stockfisch gut mit saugfähigem Küchenpapier trocknen und mit etwas Mehl bestreuen. 1 Minuten lang von jeder Seite in einer Pfanne in sehr heißem Öl frittieren. Wieder auf saugfähigem Küchenpapier abtropfen lassen und in eine backofenfeste Schüssel geben.

2 Die Knoblauchscheiben im gleichen Öl leicht anbraten, sie sollten jedoch nicht zu dunkel werden, dann schmecken sie bitter. Dann das Fleisch der Auberginen dazugeben, und mit etwas Paprika würzen. 5 Minuten lang kochen lassen und den Weißwein dazugeben. Die Hitze erhöhen und weitere 2 Minuten diese Sauce einkochen lassen.

3 Den Stockfisch mit der Sauce würzen und im vorgeheizten Backofen bei 200 °C 8 Minuten lang backen. Die gehackte Petersilie darüber streuen und sofort servieren.

Der Name „llauna" (Dose auf Katalanisch) bezieht sich auf das Gefäß oder das Blech, auf dem der Fisch gebacken wird.

ESQUEIXADA MIT STOCKFISCH

15 Minuten + Ruhezeit | 4 Tapas

300 g Stockfisch Rückenstück / 1 große Tomate / 1 kleine Zwiebel / ½ grüne Paprikaschote / ½ rote Paprikaschote / 12 schwarze Oliven / Olivenöl / Pfeffer

1 Den Stockfisch unter fließendem Wasser waschen und mit den Fingern in unregelmäßige Stückchen zerkleinern. Die Stockfischstreifen 4 bis 5 Stunden in Wasser legen.

2 Die Zwiebel schälen und in feine Scheiben schneiden. Die Tomate waschen, trocknen und reiben. Die Paprikaschoten waschen, trocknen und würfeln.

3 Die geriebenen Tomaten auf einen Teller geben. Den Stockfisch abtropfen lassen und auf die Tomaten legen. Die Zwiebelscheiben, die Paprikawürfel und die schwarzen Oliven dazugeben. Mit etwas Pfeffer würzen, Olivenöl hinzugeben und bis zum Servieren im Kühlschrank aufbewahren.

Das Wort katalanische Wort „Esqueixar" bedeutet mit den Fingern in Richtung der Fasern des Fischs reißen. Die Experten sagen, dass man den Stockfisch für dieses Gericht nicht mit einem Messer schneiden soll, sondern einfach nur mit den Fingern zerkleinert.

MEERBARBEN IN TOMATENSAUCE MIT KAPERN

30 Minuten | 4 Tapas

8 mittelgroße Meerbarben / 2 Tomaten / 1 Frühlingszwiebel / 3 Esslöffeln Kapern in Essig / 1 Zitrone / 1 Knoblauchzehe / 4 Esslöffel Olivenöl / 2 Zweige Petersilie / 1 kleines Glas Weißwein / 1 Brise scharfes Paprikapulver / Salz / Pfeffer

1 Den Knoblauch und die Zwiebel schälen und hacken. Die Tomaten waschen und in Würfel schneiden. Mischen Sie die Tomaten in einer Schüssel mit den Kapern, der gehackten Petersilie, Salz und Pfeffer und gießen Sie Öl und Wein über die Mischung.

2 Reinigen Sie die Meerbarben: Öffnen Sie den Bauch mit einer Schere und entfernen Sie die Eingeweide und waschen Sie sie. Mit Küchenpapier trocknen und auf eine Backofenplatte legen. Das restliche Öl darüber gießen.

3 Den Fisch mit der Mischung und einem Schuss Zitrone begießen. In den auf 180 °C vorgeheizten Backofen stellen und ungefähr 12-15 Minuten lang backen. Die Backzeit hängt von der Größe der Meerbarben ab. Sofort servieren, als Beilage eignen sich frisch gekochte Nudeln.

Den Fisch mit ein paar Tropfen Zitronensaft bespritzen, bevor Sie ihn in den Backofen stellen. Das gibt ihm einen frischen, mediterranen Geschmack.

THUNFISCHWÜRFEL MIT KONFITIERTER TOMATE

40 Minuten | 4 Tapas

4 Würfel Thunfischfilet, ung. 50 g / 2 Tomaten / 20 g brauner Zucker / 1 Esslöffel Sojasauce / Schnittlauch / Pfeffer / Salz in Schuppen

1 Die Unterseite der Tomaten kreuzförmig einschneiden, und die Tomaten 2 Minuten lang in einem Topf mit kochendem Wasser brühen. Abtropfen lassen, und unter fließendem kalten Wasser abkühlen. Die Kerne entfernen, schälen und würfeln.

2 Die geschälten und gewürfelten Tomaten in eine Pfanne oder einen Topf mit dickem Boden geben, den Zucker und drei Esslöffel Wasser hinzufügen. Auf sehr kleiner Flamme 20 Minuten lang köcheln lassen und häufig umrühren.

3 Die Thunfischwürfel auf der Grillplatte oder in einer beschichteten Pfanne mit ein paar Tropfen Olivenöl 30 Sekunden lang von jeder Seite anbraten.

4 Die Thunfischwürfel sehr heiß auf einem kleinen Teller oder in einem chinesischen Löffel auf den warmen, konfitierten Tomaten servieren. Mit ein paar Tropfen Sojasauce, dem Salz in Schuppen, frisch gemahlenem Pfeffer und etwas gehacktem Schnittlauch anrichten.

Wie stark man den Thunfisch anbrät, hängt von dem individuellen Geschmack ab. Man kann ihn auch als „Tataki" zubereiten, indem man den Thunfisch nur kurz anbrät und danach in eine Schüssel Wasser mit Eiswürfeln legt, um zu verhindern, dass er noch garer wird.

TELLMUSCHELN MIT KNOBLAUCH UND PETERSILIE

10 Minuten | 4 Tapas

300 g Tellmuscheln / 2 Knoblauchzehen / 1 Zweig Petersilie / 2 Esslöffel Öl

1 Die Tellmuscheln ein paar Stunden in Salzwasser legen, damit der ganze Sand abgestoßen wird.

2 Die Knoblauchzehen schälen und hacken. Die Petersilie waschen, mit Küchenpapier trocknen und fein hacken.

3 Zwei Esslöffel Öl in einer beschichteten Pfanne erhitzen und den gehackten Knoblauch kurz darin anbraten (er darf nicht braun werden).

4 Die Tellmuscheln dazugeben und weiterrühren, bis sie sich öffnen. Die gehackte Petersilie darüber streuen und sofort servieren.

Falls Sie dies wünschen, können Sie im letzten Moment einen Schuss Zitronensaft darüber geben.

Die Tellmuscheln sind kleine Muscheln, die vor allem im Mittelmeergebiet und in Nordspanien sehr gerne gegessen werden. Sie werden vor allem in Galizien, in Huelva, in Cádiz und in sandigen Zonen der Mittelmeerküste produziert.

SCHWERTMUSCHELN AUF DER GRILLPLATTE MIT ZITRONENSAFT

10 Minuten | 4 Tapas

16 Schwertmuscheln / 1 Knoblauchzehe / 1 Zweig Petersilie / Olivenöl
Für das Zitronenöl:1 Gläschen Olivenöl / ½ Glas Zitronensaft

1 Zitronenöl: Das Olivenöl mit dem Zitronensaft vermischen, rühren und mindestens 6 Stunden lang ruhen lassen, damit es den Geschmack annimmt.

2 Die Schwertmuscheln ein paar Stunden in Salzwasser legen, damit der ganze Sand abgestoßen wird. Die Knoblauchzehen schälen und hacken. Die Petersilie waschen, mit einem saugfähigen Küchenpapier trocknen und fein hacken.

3 Ein paar Tropfen Öl auf einer Grillplatte oder in einer beschichteten Pfanne erhitzen, und die Schwertmuscheln solange braten, bis sie sich öffnen. Mit dem gehackten Knoblauch und Petersilie bestreuen und mit dem Zitronenöl würzen.

4 Eine Minute lang weiterbraten, und dann in eine Servierschüssel geben und sofort servieren.

Falls Sie dieses Gericht in einer Pfanne zubereiten, können Sie den Kochsaft der Schwertmuscheln für eine schnelle Zitronensauce benutzen. Dazu geben Sie einfach nur etwas in Wasser gelöstes Mehl hinzu, damit die Sauce eindickt.

KREVETTEN MIT KNOBLAUCH UND PETERSILIE

10 Minuten | 4 Tapas

200 g kleine Krevetten / 2 Knoblauchzehen / 1 Zweig Petersilie / Olivenöl / Salz

1 Die längsten Antennen der Krevetten abschneiden Die Knoblauchzehen schälen und hacken. Die Petersilie waschen, mit Küchenpapier trocknen und fein hacken.

2 Einen Esslöffel Öl erhitzen und die Krevetten in zwei Durchgängen ungefähr eine Minute von jeder Seite anbraten. Salzen und aus dem Öl nehmen.

3 Zwei Esslöffel Öl in der Pfanne erhitzen, in der die Krevetten gebraten wurden, und den gehackten Knoblauch anbraten, bis er goldbraun wird. Die Petersilie darüber streuen und diese Sauce über die Krevetten geben. Dann sofort servieren.

Es ist empfehlenswert, die Krevetten nacheinander zu braten, damit man sie einfach umwenden kann und damit sie gleichmäßig gebraten sind. Die Bratzeit hängt von der Größe der Krevetten ab.

Es ist besser, die Krevetten in wenig Öl zu braten, und sie nach dem Braten herauszunehmen und mehr Öl hinzu zu geben, damit das Öl mit dem Bratensaft in der Pfanne zu einer leckeren Sauce wird. Es muss unbedingt Brot zum Tunken dazu serviert werden!

SCHARFE MIESMUSCHELN MIT TOMATE

35 Minuten | 4 Tapas

400 g Miesmuscheln / 1 Lauchzwiebel / 100 ml Tomatensauce / 1 kleine scharfe Pfefferschote / 4 Esslöffel Weißwein / 2 Knoblauchzehen / 1 Teelöffel brauner Zucker / 1 Zweig Petersilie / Pfeffer

1 Die Miesmuscheln unter fließendem Wasser reinigen und die Haare entfernen. Die Lauchzwiebeln und die Knoblauchzehen schälen und hacken. Die Petersilie waschen, trocknen und fein hacken.

2 Zwei Esslöffel Öl in einer beschichteten Pfanne erhitzen und die gehackten Lauchzwiebeln ungefähr 8 Minuten bei niedriger Temperatur darin anbraten. Den gehackten Knoblauch und die Pfefferschote hinzufügen und eine 1 Minuten braten lassen.

3 Die Tomatensauce, eine Prise Pfeffer und den Zucker dazugeben und 5 Minuten kochen lassen.

4 Die Miesmuscheln in einem bedeckten Topf mit vier Esslöffeln Weißwein 4 Minuten lang kochen lassen. Die Miesmuscheln mit einem Holzlöffel umrühren. Abtropfen lassen und vier Esslöffel des gefilterten Kochsafts beiseite stellen.

5 Den Kochsaft der Muscheln der Tomaten-Knoblauchsauce hinzufügen und noch 2 Minuten kochen lassen. Die Miesmuscheln dazugeben, umrühren und alles zusammen eine Minute kochen lassen. Falls notwendig nachsalzen, reichlich gehackte Petersilie darüber streuen und gleich servieren.

Es ist wichtig, auf die richtige Menge Salz in der frittierten Sauce zu achten. Da man ja die Kochsauce der Miesmuscheln hinzugibt, muss man normalerweise nicht mehr nachsalzen.

VENUSMUSCHELN MIT BOHNEN UND WEISSWEIN

35 Minuten | 4 Tapas

200 g gekochte weiße Bohnen / 150 g Venusmuscheln / ½ grüne Paprikaschote / 1 Gläschen Fischbrühe / 4 Esslöffel Weißwein / ½ Esslöffel Mehl / ½ Zwiebel / 1 Knoblauchzehe / Olivenöl / Pfeffer / Salz

1 Die Venusmuscheln mindestens sechs Stunden lang in Salzwasser legen, damit der ganze Sand abgestoßen wird.

2 Die Zwiebeln und die Knoblauchzehe schälen und hacken. Die Paprikaschote waschen, trocknen und in Würfel schneiden.

3 Zwei Esslöffel Öl in einer beschichteten Pfanne erhitzen und die gehackte Zwiebel 8 Minuten lang anbraten. Den gehackten Knoblauch und die Paprikawürfel hinzugeben, und 5 Minuten lang kochen lassen.

4 Die Venusmuscheln hinzugeben und 2 bis 3 Minuten warten, bis sie sich öffnen. Den Weißwein hinzugeben und die Hitze eine Zeitlang erhöhen, damit der Alkohol verdunstet. Das Mehl in der Brühe auflösen und in die Pfanne geben.

5 Die Bohnen dazugeben, mit einer Prise Pfeffer und Salz würzen und zum Kochen bringen.

6 Auf niedriger Hitze ein paar Minuten lang einkochen lassen, mit reichlich gehackter Petersilie bestreuen und servieren.

Man kann mit dem gleichen Rezept auch Herzmuscheln zubereiten. Es sollte immer eine Brühe dabei herauskommen, wobei dies jedoch auch von dem persönlichen Geschmack und der Jahreszeit abhängt. Im Winter ist es ein ausgezeichneter Eintopf.

KARTOFFEL-HUMMERSCHEIBE MIT GRÜNER SAUCE

35 Minuten | 4 Tapas

1 große Kartoffel / 1 Hummerschwanz / 1 Prise Paprika Typ Pimentón de la Vera / Eine Handvoll gerösteter Mais / Etwas Schnittlauch / Salz in Schuppen / Salz
Für die grüne Sauce: 1 Knoblauchzehe / 1 Zweig Petersilie / ½ Glas Öl / 1 Esslöffel Zitronensaft / Salz

1 Kalte grüne Sauce: in einem Mixgefäß den Knoblauch mit dem Öl mixen. Die gehackte Petersilie hinzugeben und wieder mixen, bis eine steife grüne Sauce entsteht. Den Zitronensaft und eine Prise Salz hinzugeben und beiseite stellen.

2 Die Kartoffel in 1 cm dicke Scheiben schneiden. Reichlich Öl in einem Topf erhitzen, aber nicht kochen lassen, und die Kartoffelscheiben hineingeben. Die Temperatur des Öls sollte ungefähr zwischen 85 °C - 90 °C sein. Die Kartoffeln 10 bis 12 Minuten frittieren und dann abtropfen lassen.

3 Den Mais zu Pulver zerkleinern. Den Hummerschwanz in einem Topf mit heißem Salzwasser 6 Minuten lang kochen. Abtropfen lassen, abkühlen lassen und die Schale entfernen. Den Hummerschwanz mit etwas Olivenöl bepinseln, ihn in dem Maispulver panieren und in dicke Scheiben schneiden.

4 Die Kartoffelscheibe auf die kleinen Teller legen, eine Prise Salz und den Paprika darüber streuen. Eine Scheibe des in dem gerösteten Maismehl panierten Hummerschwanz darüber legen und mit Salzschuppen dekorieren. Etwas gehackten Schnittlauch darüber streuen. Die grüne Sauce darüber geben, mit Schnittlauchröllchen dekorieren und servieren.

Diese Gericht kann man auch mit gekochtem Tintenfisch zubereiten. Die kalte grüne Sauce kann nach Belieben durch eine Mango-Vanille-Vinaigrette ersetzt werden.

GARNELEN IM ENDIVIEN-ROMESCO-MANTEL

1 Stunde 10 Minuten | 4 Tapas

12 Garnelen / 1 Tasse Mehl + 2 Esslöffel / 1 Eigelb / 1 Tasse sehr kaltes Wasser / Ein paar Blätter Endivie
Für die Romesco-Sauce: 1 Tomate / ½ Zwiebel / 50 g Haselnüsse / 1 getrocknete Pfefferschote / 1 Knoblauchzehe / 100 ml Olivenöl / 50 ml Essig / Pfeffer / Salz

1 Romesco: Die Zwiebel und die Tomate in eine Backofenschüssel geben und mit einem Schuss Olivenöl bei 200 °C 40 Minuten lang backen. Wenn die Zwiebel und die Tomate halb gebacken sind, eine ungeschälte Knoblauchzehe dazu geben. Alles aus dem Backofen nehmen, schälen und in einem Mixgefäß mit dem Rest Öl und dem Essig, dem Fleisch der Pfefferschote und mit den geschälten Haselnüssen klein mixen. Salzen, pfeffern und zu einer Sauce mixen.

2 Die Tempura zubereiten, indem Sie das Mehl mit dem Eigelb und sehr kaltem Wasser schlagen (man kann Eiswürfel dazu geben).

3 Die Garnelen auf einen kleine Küchenspieß stecken und durch die vorbereitete Tempura ziehen. Nacheinander in der Pfanne mit reichlich heißem Öl frittieren und auf saugfähigem Küchenpapier abtropfen lassen.

4 Vier kleine Schüsseln oder Teller mit den Endivienblättern auslegen und die Spießchen darauf legen. Die Romesco-Sauce darüber geben und gleich servieren.

Man kann die Garnelen auch auf traditionelle Art panieren, also mit einem Teig aus Mehl, Wasser oder Bier, einem Schuss Öl und etwas Hefepulver. Oder a la Romana, indem man sie zuerst in Mehl paniert, dann im geschlagenen Ei.

Die Romesco-Sauce ist eine typische katalanische Spezialität. Man kann sie auch als Fertigsauce kaufen.

KRAKE IN VINAIGRETTE

50 Minuten + Ruhezeit | 4 Tapas

1 mittelgroße Krake / ½ Lauchzwiebel / ¼ rote Paprikaschote / ¼ grüne Paprikaschote / 6 saure Gurken
Für die Vinaigrette: 6 Esslöffel Olivenöl / 2 Esslöffel Sherryessig / Pfeffer / Salz

1 Den Kraken reinigen und die Eingeweide, die Augen und den Schnabel entfernen. Am Beutel festhalten und dreimal in einem Topf mit kochendem Salzwasser abbrühen. Bei mittlerer Hitze 35 Minuten lang kochen und im Kochwasser abkühlen lassen. Anschließend abtropfen lassen und mit einer Schere in Stücke schneiden.

2 Die Paprikaschoten waschen und in Würfel schneiden. Die Lauchzwiebel schälen und hacken. Die sauren Gurken fein hacken.

3 Die Vinaigrette zubereiten, indem Sie alle Zutaten schlagen, bis eine gut gemischte Sauce entsteht.

4 Die Krakenstückchen in eine Schüssel oder auf einen Teller geben. Das gehackte Gemüse darüber geben und mit der Vinaigrette würzen. Drei bis vier Stunden lang in den Kühlschrank stellen und kalt servieren.

Vor dem Kochen sollte die Krake dreimal in kochendem Wasser abgebrüht werden, damit die Haut während des Kochens nicht abgeht. Es ist auch empfehlenswert, ihn vor der Zubereitung einzufrieren und wieder aufzutauen, dann wird er weicher.

KLEINE TINTENFISCHE MIT ERBSEN

45 Minuten | 4 Tapas

4 kleine Tintenfische / 100 g Erbsen / 1 Lauchzwiebel / 1 Knoblauchzehe / ½ Glas Weißwein / 1 Zweig Petersilie / Eine Prise Zucker / Eine Prise Muskatnuss / Eine Prise Zimt / Pfeffer / Salz

1 Die kleinen Tintenfische reinigen und den Knorpel, die Eingeweide, die Augen und den Schnabel entfernen. Einen Esslöffel Öl in einem großen Topf erhitzen und sie von beiden Seiten 2 Minuten lang anbraten. Salzen, pfeffern und beiseite stellen.

2 Noch einen Esslöffel Öl in den Topf geben und die gehackten Zwiebeln 10 Minuten lang bei kleiner Hitze anbraten. Den gehackten Knoblauch hinzugeben und 1 Minute länger braten lassen.

3 Die Tintenfische wieder in den Topf geben und den Weißwein dazugeben. Die Hitze erhöhen und ein paar Minuten lang verkochen lassen, damit der Alkohol verdunstet.

4 Die Erbsen hinzugeben, salzen, pfeffern und die Prisen Zucker, Muskat und Zimt hinzugeben. Ein Glas Wasser dazugeben, den Topf zudecken und 12 Minuten kochen lassen. Den Deckel vom Topf nehmen und weitere 2 Minuten kochen lassen, solange, bis die Flüssigkeit fast vollständig verdampft ist. Die gehackte Petersilie darüber streuen und sofort servieren.

Falls Sie größere Tintenfische verwenden, sollten sie diese länger kochen, auch wenn sie klein geschnitten sind. Falls Sie dieses Gericht anders kombinieren möchten, können Sie auch ein paar Fleischklößchen und ein paar Esslöffel Tomatensauce hinzugeben. Das wäre dann im Stil „Meer und Berge" aus dem Empordà.

KICHERERBSEN MIT ZWIEBELBLUTWURST

40 Minuten | 4 Tapas

1 kleine Zwiebelblutwurst / 250 g gekochte Kichererbsen / 1 Zwiebel / 1 Tomate / ½ grüne Paprikaschote / 1 Mohrrübe / 1 Knoblauchzehe / 1 Esslöffel Paprikapulver / 1 Zweig Petersilie / Ein Schuss Brandy / Olivenöl / Pfeffer / Salz

1 Die Blutwurst 30 Sekunden lang in einem Topf mit einem Esslöffel Öl anbraten. Herausnehmen und zur Seite stellen.

2 Einen weiteren Esslöffel Öl in den Topf geben und die gehackten Zwiebeln auf kleiner Flamme 10 Minuten lang anbraten. Den gehackten Knoblauch und die Mohrrüben- und Paprikawürfel hinzugeben. 2 Minuten lang kochen lassen und die geriebenen Tomaten hinzugeben.

3 Einen Schuss Brandy hinzugeben, salzen, pfeffern und mit Paprika würzen. Auf kleiner Hitze 10 Minuten lang kochen.

4 Die Blutwurst, die gekochten Kichererbsen und drei Esslöffel Brühe oder Wasser hinzugeben. 5 Minuten lang kochen lassen und darauf achten, dass die Blutwürste sich nicht auflösen. Reichlich gehackte Petersilie darüber streuen und sofort servieren.

Sie können die Kochsauce auch mit einer Mischung aus gehackten Mandeln, Petersilie und Knoblauch oder mit einem halbem Esslöffel in lauwarmen Wasser aufgelösten Öl dicker machen.

„CAP I POTA"

1 Stunde 10 Minuten + Ruhezeit | 4 Tapas

200 g gekochtes Schweinemaul und Schweinsfüßchen / 100 g Innereien vom Rind / 20 g Chorizo (Paprikawurst) / 25 g Schinkenwürfel / 40 g Räucherspeck / 3 Tomaten / 1 grüne Paprikaschote / 1 Zwiebel / 1 Knoblauchzehe / ½ Pepperoni / 1 kleines Glas Weißwein / 1 Teelöffel Paprikapulver / 1 Lorbeerblatt / Pfeffer / Salz

1 Das Schweinemaul, die Füßchen und die Innereien waschen und in einem Topf mit reichlich Salzwasser und einem Lorbeerblatt kochen. Zum Kochen bringen und bei niedriger Hitze 35 Minuten lang kochen lassen. Dann abtropfen lassen, abkühlen lassen und zerkleinern. Einen Esslöffel Kochwassers beiseite stellen.

2 Die gehackte Zwiebel in einem Topf bei niedriger Hitze 10 Minuten lang anbraten. Die Schinken- und Räucherspeckwürfel hinzugeben und weitere 5 Minuten braten lassen. Den gehackten Knoblauch, die Chorizo und die Paprikaschoten hinzugeben. 5 Minuten lang garen lassen.

3 Die geriebenen Tomaten hinzufügen, salzen, pfeffern und mit Paprika würzen. Den Weißwein hinzugeben, die Hitze erhöhen und kurz einkochen lassen. Die Kochtemperatur wieder reduzieren und 10 Minuten lang weiterkochen.

4 Das Schweinemaul, die Füßchen und die Innereien hinzufügen, alles gut zerkleinert. Erneut pfeffern und salzen und die Pfefferschote hinzufügen. Ein paar Esslöffel des beiseite gestellten Kochwassers hinzufügen und bei niedriger Temperatur 40 Minuten lang kochen lassen. Mindestens 2 Stunden ruhen lassen, bevor Sie das Gericht servieren.

Dieses sättigende katalanische Gericht wird häufig mit einer „Samfaina" aus Gemüse serviert. Man kann auch Kichererbsen hinzufügen.

Auch wenn die Kutteln meist schon gekocht sind, sollte man sie noch einmal 30 bis 35 Minuten kochen. Das ist jedoch nicht unbedingt notwendig.

TINTENFISCH MIT HACKFLEISCHKLÖSSCHEN

1 Stunde | 4 Tapas

2 mittelgroße Tintenfische / 150 g Rinderhack / 150 g Schweinehack / 1 Ei / 2 Knoblauchzehen / 2 Zweige Petersilie / 2 mittelgroße Zwiebeln / 1 Scheibe Weißbrot / 1 Tasse Milch / 1 Tasse Mehl / 3 Esslöffel pürierte Tomaten / 1 Glas Weißwein / 1 Tasse naturreines, kaltgepresstes Olivenöl + 2 Esslöffel / Salz / Pfeffer

1 Den Knoblauch und die Zwiebel schälen und hacken. 2 Esslöffel Öl in einem Topf erwärmen und die Zwiebeln und den Knoblauch 15 Minuten lang anbraten lassen. Den in große Stücke geschnittenen Tintenfisch hinzugeben, auf hoher Flamme kurz goldbraun anbraten, die pürierten Tomaten hinzugeben und 10 Minuten lang kochen lassen.

2 Die restlichen Knoblauchzehen schälen und fein hacken. Die Petersilie waschen und fein hacken. Das Fleisch in eine Schüssel geben. Das Ei, Knoblauch, Petersilie und das vorher in Milch eingeweichte und abgetropfte Weißbrot hinzugeben. Salzen, pfeffern und gut mit den Händen kneten. Nussgroße Kugeln formen und in Mehl panieren.

3 Das übrige Öl in einer Pfanne erhitzen und die Fleischklößchen von allen Seiten goldbraun frittieren und dann aus der Pfanne nehmen.

4 Die Hackfleischklößchen in die Zwiebel-Tomatensauce geben und mit Wein begießen. Ein paar Minuten lang einkochen lassen, mit Wasser bedecken und bei geringer Temperatur 30 Minuten lang weiterkochen lassen, und noch Wasser hinzugeben, falls notwendig.

Geben Sie eine Hackmischung (Picada) aus 1 geschälten Knoblauchzehe, 5 gerösteten Mandeln und einem Esslöffel gehackter Petersilie am Ende hinzu, so wird der Geschmack intensiver.

„FRICANDÓ" (ANGEBRATENES KALBFLEISCH IN SAUCE MIT NELKEN-SCHWINDLINGEN)

1 Stunde 10 Minuten | 4 Tapas

8 feine Rinderkeulenfilets / 1 Handvoll trockene Nelken-Schwindlinge / 2 Tomaten / 1 Zwiebel / 1 kleine Tasse Wasser oder Brühe / 1 Glas Weißwein / 1 Tasse Mehl + 1 Esslöffel / 2 Esslöffel Olivenöl / 1 Lorbeerblatt / Salz / Pfeffer
Für die Picada (Hackmischung): 1 Esslöffel geröstete Mandeln / 1 Knoblauchzehe / 1 Esslöffel gehackte Petersilie

1 Die Pilze 20 Minuten lang in lauwarmes Wasser legen. Die Filets salzen und pfeffern, in Mehl panieren und in einem Topf mit zwei Esslöffeln heißem Öl anbraten. Beiseite stellen.

2 Im gleichen Öl die gehackten Zwiebeln auf kleiner Flamme 15 Minuten lang anbraten. Die zerkleinerten Tomaten hinzugeben und 10 Minuten weiter kochen lassen. Einen Esslöffel Mehl hinzufügen, mischen und 2 Minuten lang weiterkochen lassen.

3 Einen Esslöffel Mehl, die abgetropften Pilze und das Lorbeerblatt hinzufügen. 2 Minuten lang weiterkochen lassen und mit der Brühe begießen. Pfeffern und salzen auf kleiner Flamme 10 Minuten lang köcheln lassen. Die Filets hinzugeben und 30 Minuten lang alles zusammen kochen lassen.

4 Eine Picada (Hackmischung) zubereiten, indem die gerösteten Mandeln mit der Knoblauchzehe und ein paar Blättern Petersilie zerstoßen werden. Diese Picada in den Topf geben und noch 10 Minuten lang kochen lassen. Sehr heiß servieren.

Die trockenen Nelken-Schwindlinge geben diesem Gericht seinen besonderen Geschmack. Falls Sie den Geschmack noch intensivieren möchten, können Sie das Wasser, in dem die Pilze eingelegt waren, der Brühe hinzufügen.

„BOMBES" (GEFÜLLTE RUNDE KARTOFFELKROKETTEN)

55 Minuten | 4 Tapas

500 g Kartoffeln / 150 g Rinderhack / 100 ml Tomatensauce / 10 Tropfen Tabasco / 1 Zwiebel / 1 Knoblauchzehe / 1 Tasse Mehl / 1 Tasse Paniermehl / 2 Eier / Olivenöl / Pfeffer / Salz

1 Die Kartoffeln 35 Minuten lang mit der Schale in einem Topf mit ausreichend Salzwasser kochen. Das Wasser abgießen und die Kartoffeln abkühlen lassen. Die Kartoffeln pellen und mit einer Gabel zu einem dicken Püree zermatschen. Salzen, pfeffern und etwas Olivenöl darüber geben und vermischen.

2 Die Zwiebeln und die Knoblauchzehe schälen und hacken. Die gehackten Zwiebeln bei geringer Hitze in einer Pfanne mit drei Esslöffeln Öl 10 Minuten lang anbraten. Den gehackten Knoblauch hinzugeben und 2 Minute länger kochen lassen. Das Fleisch hinzugeben, umrühren, salzen und pfeffern. 8 Minuten lang weiterkochen lassen, bis das Fleisch gar ist. Die geriebenen Tomaten hinzufügen, salzen, pfeffern und mit Tabasco würzen. 5 Minuten lang weiterkochen lassen.

3 Kleine Portionen des Pürees nehmen und mit befeuchteten Händen eine Kugel formen (in der Größe einer mittleren Mandarine). Dann die Kugel platt drücken und einen Esslöffel der zubereiteten Füllung darauf geben. Den Teig wieder zu einer Kugel schließen.

4 Diese „Bombas" in Mehl, geschlagenem Ei und Paniermehl panieren und nacheinander in einer Pfanne mit reichlich sehr heißem Fett panieren. Auf saugfähigem Küchenpapier abtropfen lassen, bis das überschüssige Fett abgetropft ist, dann sofort servieren.

Die traditionelle Füllung der scharfen „Bombas" wird mit Hackfleisch zubereitet. Man kann die Füllung jedoch nach Geschmack und Ideen jedes Kochs mit anderen Zutaten zubereiten, beispielsweise mit Thunfisch, Krevetten, Pilzen, Käse oder Spinat.

Sie können mit der typischen Romesco-Sauce serviert werden, oder mit Mayonnaise oder scharfer Salsa brava.

SCHINKEN MIT BROT MIT TOMATE

5 Minuten | 4 Tapas

150 g Iberischer Serrano-Schinken / 1 Cocabrot (pizzaähnliches Brot) oder Chapata / 2 Hängetomaten / 4 Esslöffel naturreines, kaltgepresstes Olivenöl / Salz

1 Das Brot längs in der Mitte zerteilen und schneiden. Die Tomate in zwei Hälften schneiden und auf das Brot reiben.

2 Eine Prise Salz und reichlich Olivenöl auf das Brot streuen und in Portionen schneiden.

3 Die Schinkenscheiben auf dem Brot verteilen und schnell servieren, damit das Brot noch knusprig ist.

MANDARINENSORBETT

30 Minuten + Einfrieren | 4 Sorbetts

1 kg Mandarinen (500 ml Saft) / 150 g Zucker / 80 ml Mineralwasser / 1 Zitrone / 2 Eiweiß

1 Drei Mandarinen waschen, trocknen und die Haut abreiben. Die Mandarinen in der Mitte durchschneiden und ausdrücken. Mineralwasser in einen Topf geben, den Zucker hinzugeben, zum Kochen bringen und ein paar Minuten lang kochen lassen. Die Sirup abkühlen lassen.

2 Den Mandarinensaft mit der geriebenen Schale und dem vorbereiteten Sirup mischen.

3 Das Eiweiß in eine große Schüssel geben und mit einem Handmixer oder Elektromixer zu Eischnee schlagen. Den Eischnee vorsichtig in die vorbereitete Mischung einrühren und in das Tiefkühlfach stellen. Falls Sie kein Tiefkühlfach haben, in eine Metallschüssel geben und in die Tiefkühltruhe stellen. Alle 20 Minuten umrühren, und die Kristalle mit der Gabel zerdrücken, bis das Sorbett glatt und etwas cremig ist. Dann das Sorbett sehr fein mixen und wieder in die Tiefkühltruhe stellen.

4 Für das Servieren mit einem Eislöffel Kugeln formen und in kleinen Schüsseln oder Eisbechern servieren.

Dieses Sorbett ist sehr erfrischend und eignet sich gut als Nachtisch nach schwerem Essen. Sie können das Sorbett auch zwischen einem Fischgericht und einem Fleischgericht servieren.

KATALANISCHE KARAMELLCREME

20 Minuten + Ruhezeit | 4 Cremes

½ Liter Milch / 4 Eigelb / 100 g Zucker + 3 Esslöffel / 25 g Stärke / 1 Zimtstange / 1 Stück Zitronenschale

1 Die Milch mit der Zimtstange und der Zitronenschale zum Kochen bringen. Das Eigelb mit dem Zucker (100 g) und der Stärke mit einem Mixstab schlagen und die abgesiebte Milch hinzugeben. Rühren, wieder in einen Topf geben und bei niedriger Temperatur köcheln lassen. Dabei nicht umrühren, die Creme muss eindicken.

2 Die Creme in vier Schalen geben und im Kühlschrank ganz abkühlen lassen.

3 Vor dem Servieren gleichmäßig mit Zucker bestreuen und mit einem besonderen Gerät zum Verbrennen den Zucker brennen. Es handelt sich dabei um eine Metallscheibe, die im Feuer oder mit einem kleinen Brenner erhitzt wird.

Statt Zimt und Zitrone kann man die Creme auch mit Vanille und Orange zubereiten. Das schmeckt ebenfalls sehr lecker.

WINDBEUTEL MIT MANDELN UND ORANGE

45 Minuten | 6-8 Tapas

¼ Liter Wasser / 2 Suppenlöffel Zucker / 75 g Butter / 150 g Mehl / 4 Eier / 50 g geröstete gehackte Mandeln / Die Schale einer halben Orange / ½ Teelöffel Salz / 200 g Puderzucker / 1 Gläschen Olivenöl

1 Das Wasser mit der Butter, dem Zucker und dem Salz in einem Topf zum Kochen bringen. Wenn es zu kochen anfängt, vom Feuer nehmen und das Mehl auf einmal hinzugeben und schnell umrühren, so dass eine klebrige Kugel entsteht.

2 Die Eier nacheinander hinzugeben und dabei immer umrühren. Erst wenn ein Ei vollständig in den Teig aufgenommen wurde das nächste hinzufügen. Schließlich die Mandeln und die geriebene Orangenschale hinzugeben und gut umrühren.

3 Mit zwei Teelöffeln kleine Kugeln formen und in heißem Öl frittieren. Die Windbeutel 2 - 3 Minuten lang von jeder Seite frittieren, dann mit einem Schaumlöffel aus dem Öl nehmen und auf saugfähigem Küchenpapier abtropfen lassen. Dann mit dem Rest Teig weitermachen, bis er alle ist.

4 Zucker in einen tiefen Teller geben und die noch heißen Windbeutel in dem Zucker wälzen.

BLÄTTERTEIGGEBÄCK MIT CREME UND HIMBEEREN

40 Minuten | 6-8 Tapas

1 Blätterteigscheibe / 200 g Himbeeren / 2 Suppenlöffel Puderzucker
Für die Kuchencreme: 250 ml Milch / 1 Zimtstange / 1 Stück Zitronenschale / 3 Eigelb / 50 g Zucker / 25 g Maisstärke

1 Die Milch mit der Zimtstange und einem Stück Zitronenschale in einen Topf geben und zum Kochen bringen. In einer anderen Schüssel das Eigelb mit dem Zucker und der Maisstärke schlagen. Die Milch vom Feuer nehmen, die Zimtstange und die Zitronenschale herausnehmen und alles langsam auf das Eigelb geben, und dabei mit einem Mixer umrühren. Wieder in den Topf geben und bei niedriger Temperatur köcheln lassen. Dabei nicht umrühren, die Creme muss eindicken. Vom Herd nehmen und ganz abkühlen lassen, dabei von Zeit zu Zeit umrühren.

2 Den Blätterteig sehr fein ausrollen und in 12 gleiche Rechtecke schneiden. Auf eine Backofenplatte legen, mit einer Gabel eindrücken und im auf 220 °C vorgeheizten Backofen 15 - 20 Minuten lang goldbraun backen. Aus dem Backofen nehmen und abkühlen lassen.

3 In der Zwischenzeit die Himbeeren waschen und gut mit Küchenpapier abtrocknen. Den Blätterteig mit einer feinen Schicht Creme bedecken und immer drei Rechtecke übereinander legen. Die Himbeeren darauf legen und mit Puderzucker bestreuen.

BROT MIT SCHOKOLADE UND ÖL

20 Minuten + Ruhezeit | 8 Tapas

3 Eigelb / 200 ml Schlagsahne / 30 g Zucker / 125 g Schokolade mit einem Kakaogehalt von 70 % / ½ Stange Brot / 6 Esslöffel naturreines, kaltgepresstes Olivenöl / 1 Teelöffel Salz in Schuppen

1 Die Sahne in einen Topf geben und zum Kochen bringen. Das Eigelb mit Zucker schlagen und das kochende Eigelb dazugeben. Rühren, wieder in einen Topf geben und bei niedriger Temperatur köcheln lassen. Dabei nicht umrühren.

2 Vom Herd nehmen, die gestückelte Schokolade dazugeben und umrühren, bis die Schokolade geschmolzen ist. In eine nicht zu große Schüssel geben. Abkühlen lassen und mindestens zwei Stunden lang in den Kühlschrank stellen.

3 Das Brot in sehr feine Scheiben schneiden, in den Backofen legen und mit etwas Olivenöl bestreichen. 3 - 4 Minuten lang im Backofen grillen und herausnehmen.

4 Beim Servieren des Nachtischs kleine längliche Kugeln aus der Schokoladenmischung mithilfe eines heißen Esslöffels formen und diese „Quenelles“ auf einen Teller legen, dabei ein wenig Abstand zwischen den Kugeln lassen. Auf jede Kugel eine Scheibe Brot legen und alles mit dem Salz in Schuppen und ein paar Tropfen Olivenöl auf dem Teller dekorieren.

MATÓ MIT MARMELADE ODER HONIG

5 Minuten | 4 Tapas

4 Stück Mató (katalanischer Frischkäse) / 4 Esslöffel Honig / 30 g Pinienkerne

1 Die Pinienkerne auf ein Backblech geben und im vorgeheizten Backofen bei 200 °C 5 - 6 Minuten lang rösten. Sie können sie auch in einer Pfanne ohne Öl rösten, dabei von Zeit zu Zeit umrühren.

2 Den Mató aus der Packung nehmen und auf die Teller verteilen. Jedes Stück Mató mit einem großzügigen Esslöffel Honig bedecken und zuletzt die Pinienkerne darüber streuen.

Diese Nachspeise wird auch häufig mit Trockenfrüchten wie Walnüssen, Haselnüssen und Rosinen serviert.

TAPAS
Barcelona

10 Routen

1

BARCELONETA

1 **Can Paixano** Carrer de la Reina Cristina, 7
2 **El Magatzem** Plaça de Pau Vila, 1
3 **El Vaso de Oro** Carrer de Balboa, 6
4 **Bar Bitácora** Carrer de Balboa, 1
5 **Jai-Ca** Carrer de Ginebra, 13
6 **Can Maño** Carrer del Baluard, 12
7 **La Bombeta** Carrer de la Maquinista, 3

▸ 8 **La Cova Fumada** Carrer del Baluard, 56 (s. 70)
9 **Bar Electricitat** Carrer de Sant Carles, 15
10 **Bar Cal Papi** Carrer de l'Atlàntida, 65
11 **La Blanca** Carrer de Pontevedra, 25
12 **La Guingueta de la Barceloneta** Platja Sant Miquel, s/n
13 **Barraca** Passeig Marítim de la Barceloneta, 1
14 **Tapa Tapa** Moll d'Espanya, s/n (Maremagnum)

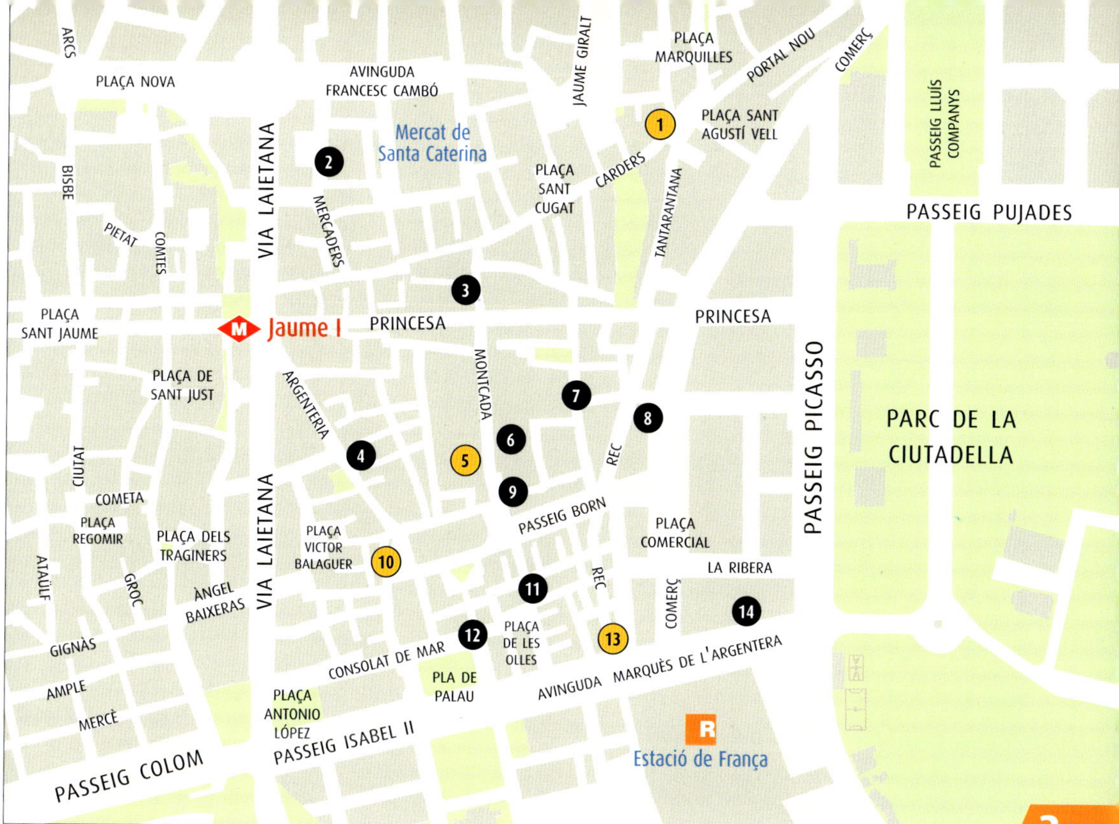

2

BORN

- ▸ **1 Mundial Bar** Plaça de Sant Agustí Vell, 1 (s. 54)
- **2 Bar Alastruey** Carrer dels Mercaders, 24
- **3 Bar del Pla** Carrer de Montcada, 2
- **4 Taller de Tapas** Carrer de l'Argenteria, 51
- ▸ **5 El Xampanyet** Carrer de Montcada, 22 (s. 66)
- **6 Tapeo** Carrer de Montcada, 29
- **7 Euskal Etxea** Placeta de Montcada, 1-3
- **8 Mercat Princesa** Carrer dels Flassaders, 21
- **9 Bormuth** Carrer del Rec, 31
- ▸ **10 La Vinya del Senyor** Plaça de Santa Maria, 5 (s. 46)
- **11 Cal Pep** Plaça de les Olles, 8
- **12 Lonja de Tapas** Pla del Palau, 7
- ▸ **13 Ten's** Carrer del Rec, 79 (s. 38)
- **14 Txacolin** Av. Marquès de l'Argentera, 19

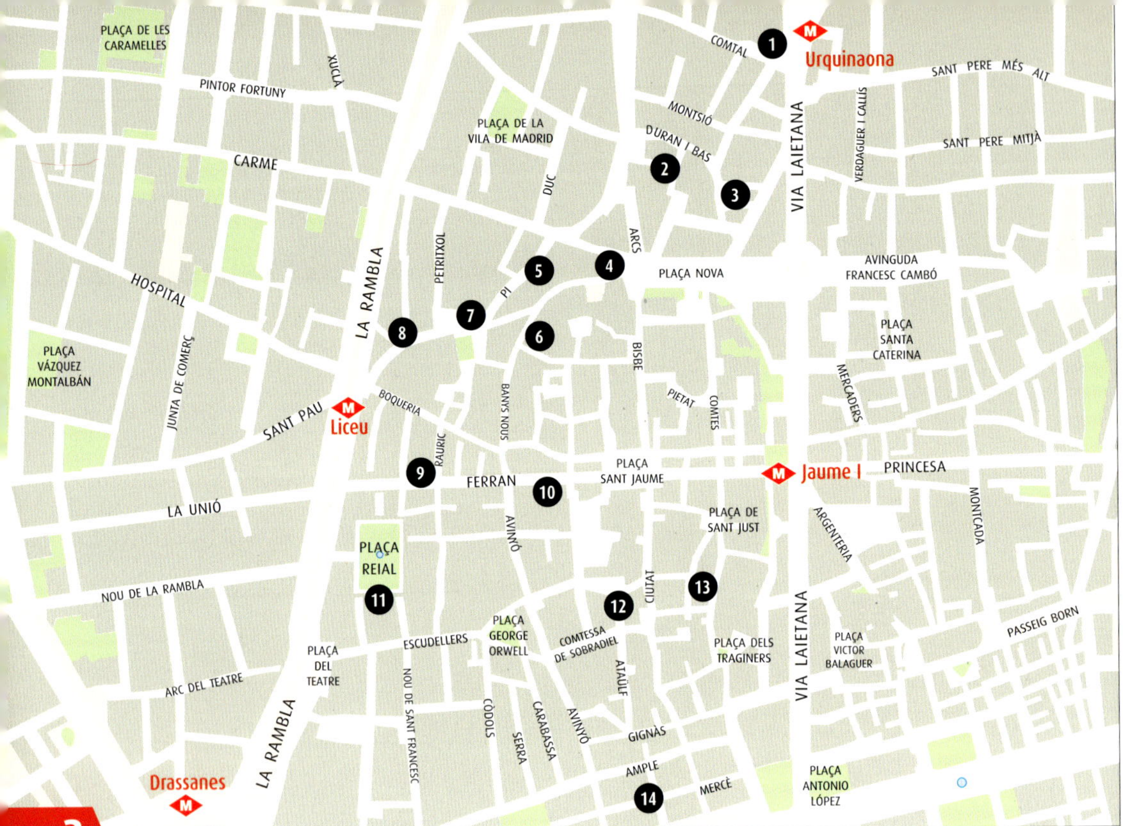

3

GÒTIC

1 **La Plassohla** Via Laietana, 49
2 **Bosco Food & Drinks** Carrer dels Capellans, 9
3 **La Cala del Vermut** Carrer d'en Copons, 2
4 **Bilbao Berria** Plaça Nova, 3
5 **La Pineda** Carrer del Pi, 16
6 **El Portalón** Carrer dels Banys Nous, 20
7 **Bar del Pi** Plaça de Sant Josep Oriol, 1
8 **Irati Taberna Basca** Carrer del Cardenal Casañas, 17
9 **Adagio Tapas** Carrer de Ferran, 21
10 **Orio BCN Gòtic** Carrer de Ferran, 38
11 **Ocaña** Plaça Reial, 13-15
12 **Bar Mingus** Carrer d'Ataülf, 6
13 **Bodega La Palma** Carrer de la Palma de Sant Just, 7
14 **Bar la Plata** Carrer de la Mercè, 28

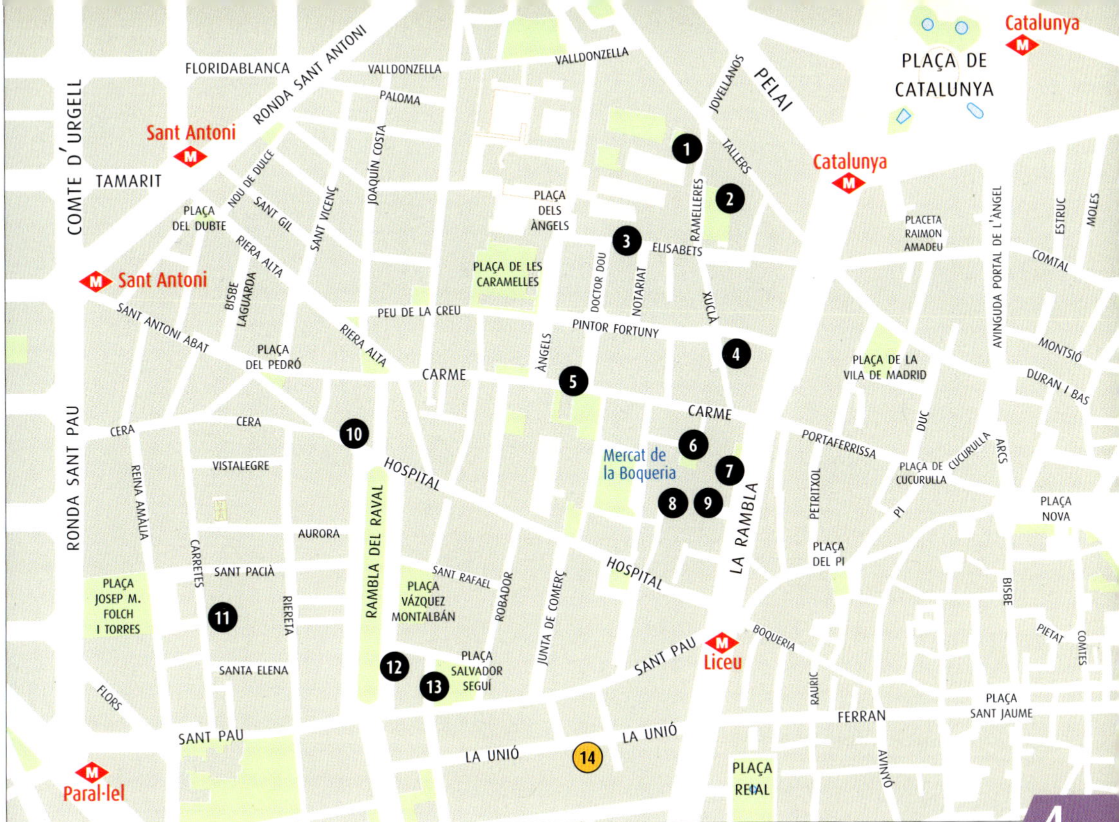

4

RAVAL

1 Cèntric Canalla Carrer de les Ramelleres, 27
2 Kasparo Plaça de Vicenç Martorell, 4
3 Dos Palillos Carrer d'Elisabets, 9
4 Bar Lobo Carrer del Pintor Fortuny, 3
5 Carmelitas Tapas Carrer del Carme, 42
6 Bar Papitu Passatge de la Virreina, 1
7 Casa Guinart La Rambla, 95
8 Pinotxo La Rambla, 91 (Mercat Boqueria)
9 El Quim de la Boqueria La Rambla, 91 (Mercat Boqueria)
10 Barraval Carrer de l'Hospital, 104
11 Maki Navaja Bar Carrer de les Carretes, 51
12 La Taverna del Suculent Rambla del Raval, 39
13 La Monroe Plaça de Salvador Seguí, 1-9
▸ **14 Cañete** Carrer de la Unió, 17 (s. 18)

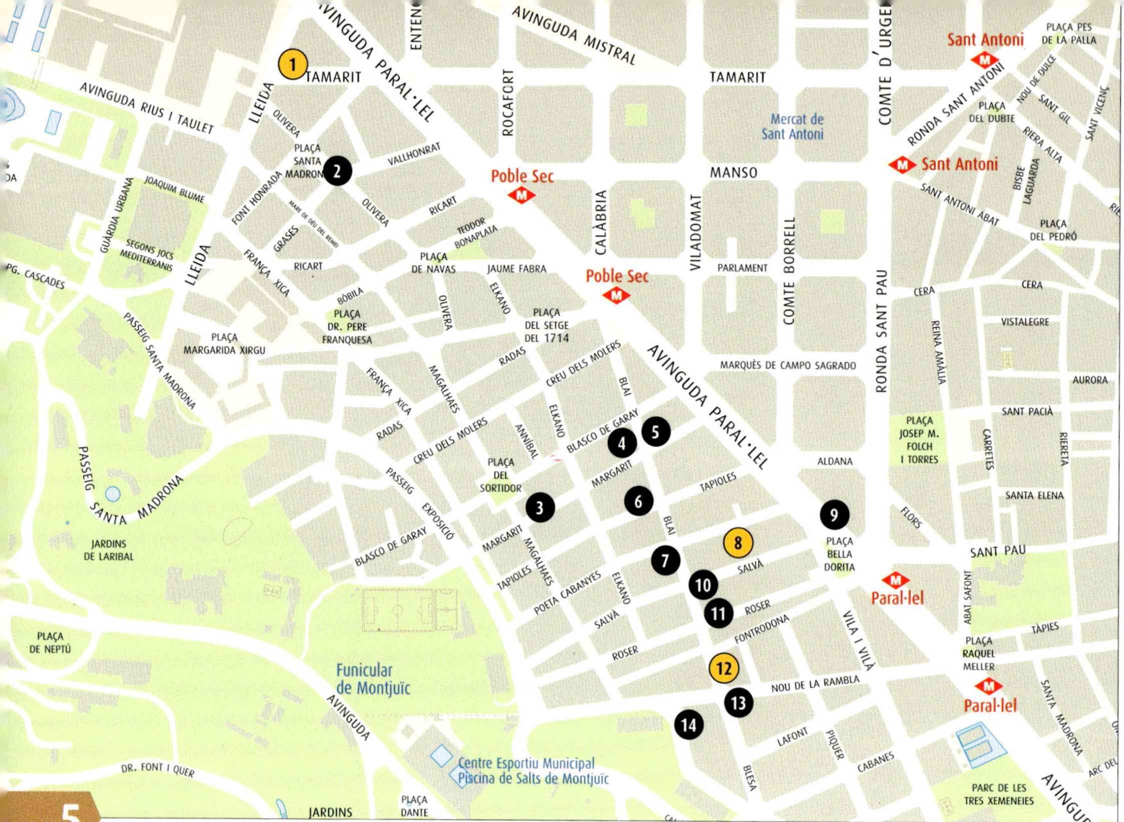

5

POBLE-SEC

- ▸ **1 Casa de Tapas Cañota** Carrer de Lleida, 7 (s. 94)
- **2 Funicular** Carrer de Vallhonrat, 28
- **3 Celler Cal Marino** Carrer de Margarit, 54
- **4 La Bodegueta del Poble-sec** Carrer de Blai, 47
- **5 Es Xibiu** Carrer de Blai, 48
- **6 Tribal Café** Carrer de Blai, 29
- **7 La Tasqueta de Blai** Carrer de Blai, 17
- ▸ **8 Quimet & Quimet** Carrer del Poeta Cabanyes, 25 (s. 90)
- **9 Bar Borrell** Avinguda del Paral·lel, 84
- **10 La Koska Taverna** Carrer de Blai, 8
- **11 Rosal 34** Carrer del Roser, 34
- ▸ **12 Gran Bodega Saltó** Carrer de Blesa, 36 (s. 34)
- **13 Bar Darling** Carrer de Blesa, 34
- **14 Seco** Passeig de Montjuïch, 74

SANT ANTONI

1 **Bodega Sepúlveda** Carrer de Sepúlveda, 173
▸ 2 **Fàbrica Moritz** Ronda de Sant Antoni, 39 (s. 22)
▸ 3 **Bodega 1900** Carrer de Tamarit, 91 (s. 86)
4 **Tickets** Avinguda del Paral·lel, 164
▸ 5 **Lolita Taperia** Carrer de Tamarit, 104 (s. 42)
6 **Amigó Cascarilles** Carrer de Tamarit, 181
7 **Els 3 Tombs** Ronda de Sant Antoni, 2
8 **La Bodega d'en Rafel** Carrer de Manso, 52
9 **Bar Nostàlgic** Carrer de Viladomat, 38
10 **Bar Calders** Carrer del Parlament, 25
11 **Bodega Vinito** Carrer del Parlament, 27
12 **Els Sortidors del Parlament** Carrer del Parlament, 51
13 **Jonny Aldana** Carrer d'Aldana, 9
14 **El jabali** Ronda de Sant Pau, 15

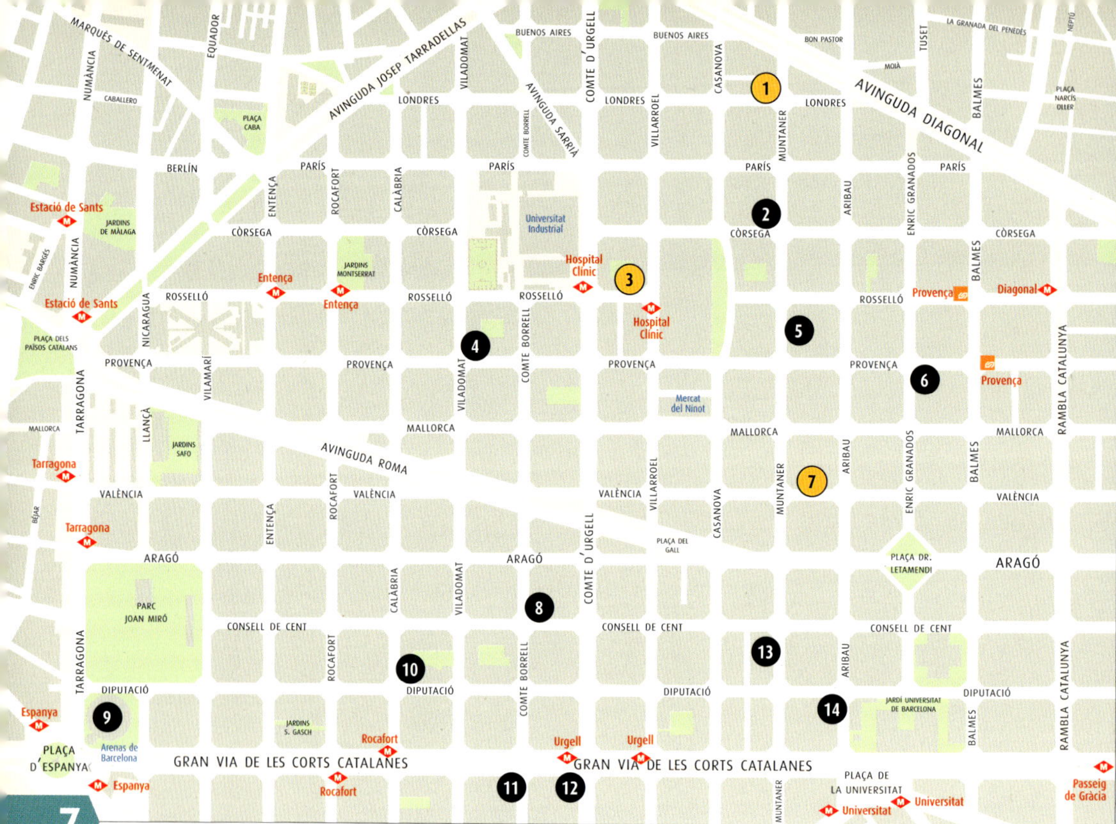

7

ESQUERRA DE L'EIXAMPLE

- ▸ **1 El Velódromo** Carrer de Muntaner, 213 (s. 50)
- **2 Paco Meralgo** Carrer de Muntaner, 171
- ▸ **3 La Taverna del Clínic** Carrer del Rosselló, 155 (s. 74)
- **4 Senyor Vermut** Carrer de Provença, 85
- **5 Atapa-it** Carrer de Muntaner, 146
- **6 Colmado** Carrer de Provença, 236
- ▸ **7 Taktika Berri** Carrer de València, 169 (s. 82)
- **8 Morro Fí** Carrer del Consell de Cent, 171
- **9 La Lola de las Arenas** Gran Via, 373, (C.C. Arenas)
- **10 El Bar** Carrer de Calàbria, 118
- **11 Bar Alegría** Carrer del Compte de Borrell, 133
- **12 Tapería Ordesa** Gran Via de les Corts Catalanes, 522
- **13 BierCab** Carrer de Muntaner, 55
- **14 Mont Bar** Carrer de la Diputació, 220

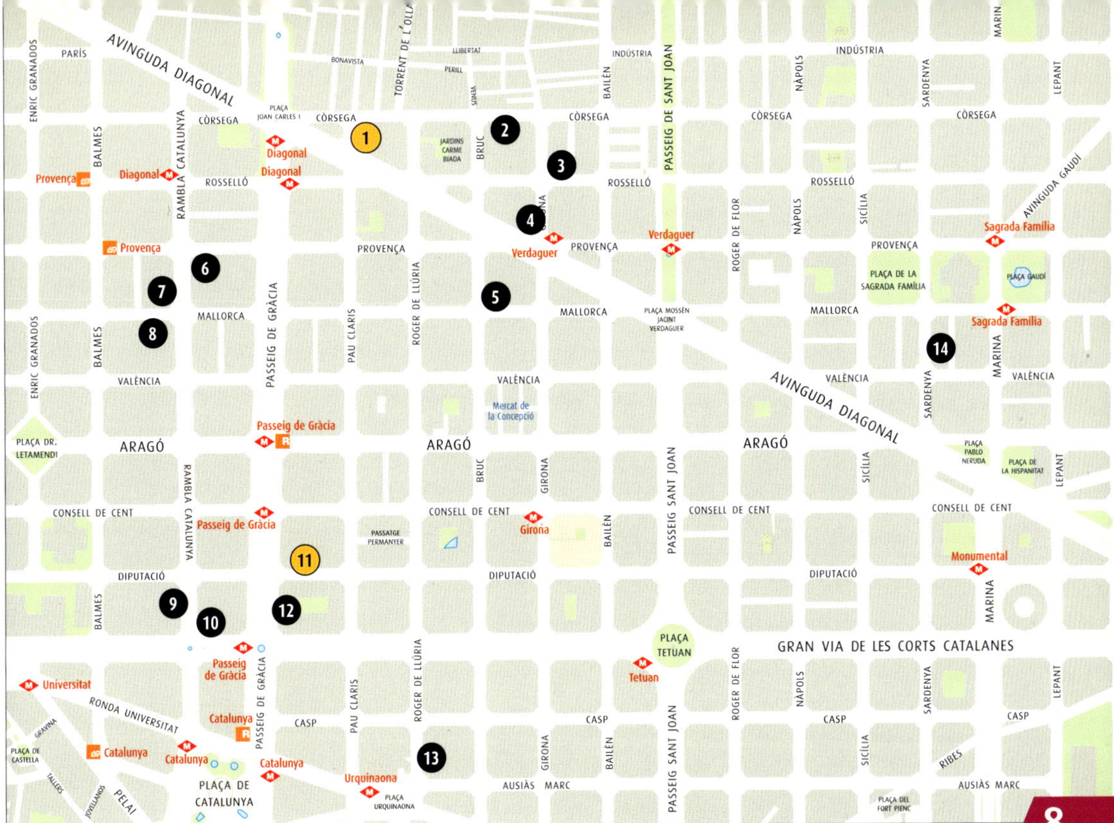

8

DRETA DE L'EIXAMPLE

- ▸ **1 Bar Mut** Carrer de Pau Claris, 192 (s. 78)
- **2 El Tiet Tavern-Teca** Carrer de Còrsega, 382
- **3 Morryssom** Carrer de Girona, 162
- **4 Taverna Hofmann** Carrer de Girona, 145
- **5 De tapa madre** Carrer de Malllorca, 301
- **6 La Bodegueta** Rambla de Catalunya, 100
- **7 Mesón Cinco Jotas** Rambla de Catalunya, 91
- **8 Cervecería Catalana** Carrer de Mallorca, 236
- **9 Piscolabis** Rambla de Catalunya, 27
- **10 Ciudad Condal** Rambla de Catalunya, 18
- ▸ **11 Tapas, 24** Carrer de la Diputació, 269 (s. 62)
- **12 QuQu** Passeig de Gràcia, 24
- **13 Casa Alfonso** Carrer de Roger de Llúria, 6
- **14 Bodega del Poblet** Carrer de Sardenya, 302

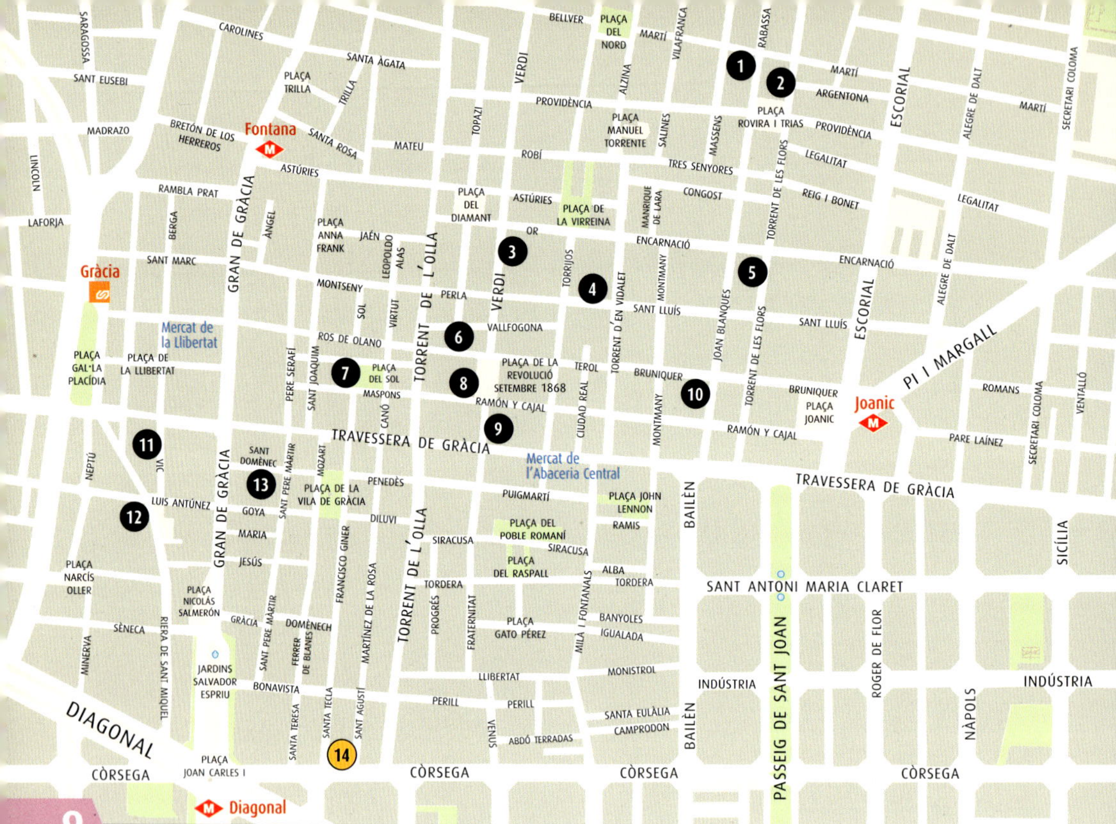

9 GRÀCIA

1 Gata Mala Carrer de Rabassa, 37
2 Bodega Manolo Carrer del Torrent de les Flors, 101
3 D. O. Carrer de Verdi, 36
4 Polleria Fontana Carrer de Sant Lluís, 9
5 Lata-Berna Carrer del Torrent de les Flors, 53
6 La Viblioteca Carrer de Vallfogona, 12
7 Sol Soler Plaça del Sol, 21
8 Pepa Tomate Plaça de la Revolució, 17
9 La Xula Taperia C. de la Mare de Deu dels Desamparats, 18
10 La Vermuteria del Tano Carrer de Joan Blanques, 17
11 Bar Bodega Quimet Carrer de Vic, 23
12 Bar Roble Carrer de Luis Antúnez, 7
13 L'Anxoveta Carrer de Sant Domènec, 14-16
▸ **14 La Pepita** Carrer de Còrsega, 343 (p. 26)

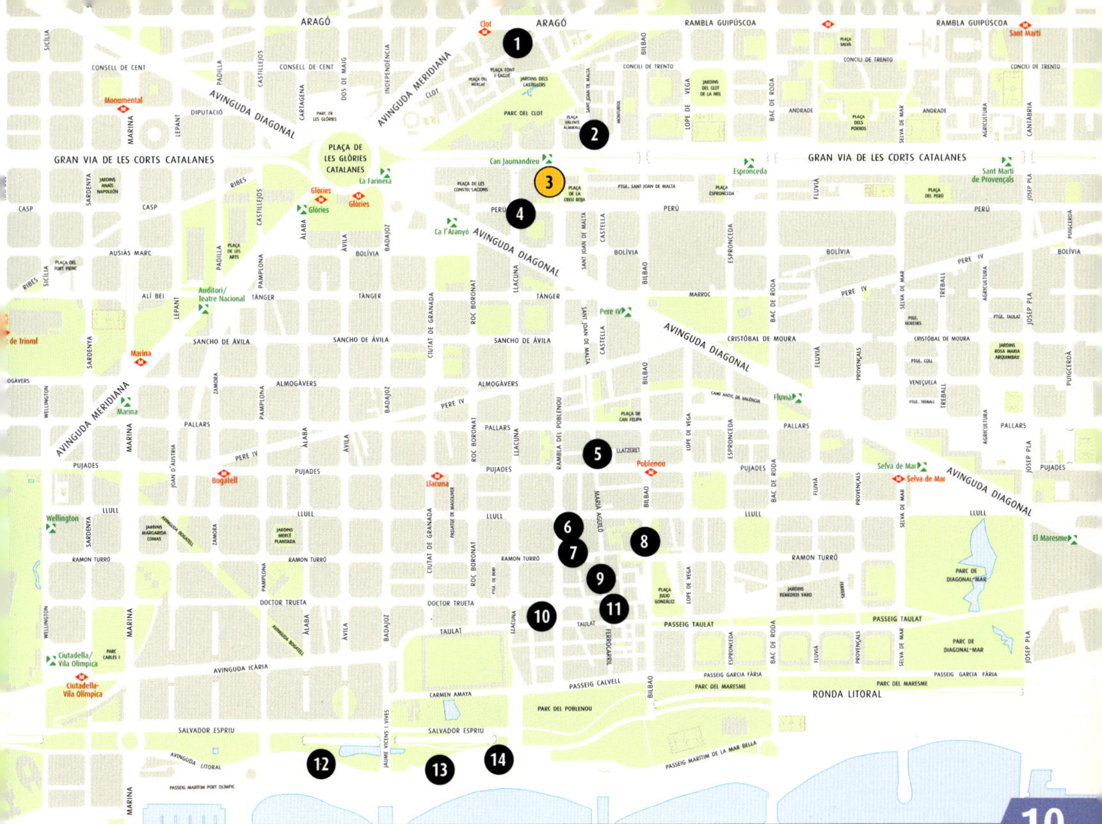

10

SANT MARTÍ

1 Marlen Tastets Carrer del Clot, 75
2 Celler Ca la Paqui Carrer de Sant Joan de Malta, 53
▸ **3 Els Tres Porquets** Rambla del Poblenou, 165 (s. 30)
4 Casa Aliaga Pura Tapa Carrer de Llacuna, 154
5 Floreta Carrer de Marià Aguiló, 50
6 Le cinquante huit Rambla del Poble Nou, 58
7 Esperit de Vi Carrer de Joncar, 3
8 Vermut & Sifó Carrer de Bilbao, 18-22
9 Mésdevi Carrer de Marià Aguiló, 123
10 Barlovento Rambla del Poble Nou, 21
11 La Pubilla del Taulat Carrer de Marià Aguiló, 131
12 Chiringuito las Sardinitas Ronda Litoral, 36
13 La Guingueta del Bogatell Platja del Bogatell, s/n
14 Vai Moana Avinguda del litoral, s/n

TAPAS
Barcelona

Herausgabeleitung: Ricard Pla
Herausgeber: Josep Liz
Koordination: Paz Marrodán
Übersetzung: Susanne Engler
Grafikdesign: David Martínez
Druck: SERPER 8-2015
Gedruckt in Barcelona
Hinterlegung des Pflichtexemplars:
DL-Me 354-2014
ISBN: 978-84-8478-598-9

TRIANGLE BOOKS

Wir danken:
Sofia Boixet, José María Parrado, Jordi Vilà, Marc Cuenca, José Luis Cánovas, Jordi Cruz, Joan Martínez, Mónica de la Torre, Francesc Tort, Carles Abellan, Joan Carles Ninou, Josep Maria Solé, Manuel Simoes, Toni Simoes, Kim Díaz, Julián Fernández, María Fernández, Albert Adrià, Quimet Pérez, Juan Carlos Iglesias, Antonio Betorz, Bar Mut, Bodega 1900, Cañete barra y mantel, Casa de Tapas Cañota, El Tomás de Sarrià, El Velódromo, El Xampanyet-Ca l'Esteve, Els Tres Porquets, Fàbrica Moritz, Gran Bodega Saltó, La Cova Fumada, La Pepita, La Taverna del Clínic, La Vinya del Senyor, Lolita Taperia, Mundial Bar, Quimet & Quimet, Taktika Berri, Tapas 24, Ten's Tapas Restaurant.

Triangle Postals, SL
Sant Lluís, Menorca
Tel. +34 971 15 04 51
triangle@triangle.cat
www.triangle.cat